無冠、されど至強

木村元彦
Kimura Yukihiko

東京朝鮮高校
サッカー部と
金明植の時代

도꾜조선중고급학교축구부와 김명식의 시대

ころから

至強＝「このうえなく強いさま」（大辞林）

プロローグ

「勝負師」が恐れた東京朝高

「十条ダービー」を率いた名将

帝京高校サッカー部――ブラジル代表を模したカナリアカラーのユニフォーム姿とともに、その圧倒的な強さを脳裏に焼き付けているサッカーファンは少なくないだろう。

第53回（1974年度）全国高校サッカー選手権大会決勝で、サッカー王国・静岡の清水東を破って初優勝以来、全国選手権での優勝6回、準優勝3回、また夏の全国高校総体（インターハイ）での優勝3回、準優勝4回を数える、全国屈指の強豪校だ。

しかし、その帝京高校が全盛期ですら、歯がたたなかった高校サッカー部があったことは、一部のコアなサッカーマニアを除いては知られていない。

東京朝鮮高級学校축구부《チュックブ》（サッカー部）である。

偶然か、必然か、この2つの高校は、東京・十条というかつて「軍都」と称され戦後になって広大な陸軍用地が払い下げされた町で軒を並べている。直線距離にして500メートル、迂回した道を使ってもダッシュをすれば3～4分ほどの距離しかない。

ただし、そんな間柄にも関わらず、両校が公式戦で対戦することは長い間なかった。

なぜなら、東京朝高サッカー部は１９５４（昭和29）年のわずか1年を除いて、１９９６（平成８）年まで全国高校サッカー選手権の予選にも出場が認められず、公式戦から「パージ」されてきたからだ。

朝鮮学校が文科省管轄の高等学校ではなく、自動車学校などと同じ各種学校であるから、というのがその理由であるが、高校生のスポーツの現場においては明らかな差別的待遇であった。サッカー部以外でもこの状況は１９９２（平成４）年に日弁連（日本弁護士連合会）から、朝鮮学校を高体連（全国高等学校体育連盟）に加盟させないのは人権侵害であるという是正勧告が出されて、同年3月より加盟が承認されるまで続いた。

それでも帝京と東京朝高、両校サッカー部は、そんな空白期間にも密度の濃い練習試合でぶつかり合ってきた。年間10試合以上、多いときは毎週のように。

後に「十条ダービー」と呼ばれる非公式の対戦で、何年も戦ってきたのが、高校サッカー界にその名を轟かせる古沼貞雄〈こぬま・さだお〉だ。１９６５（昭和40）年から帝京サッカー部を率い、９度の「全国制覇」を指揮した名将である。

その古沼が、いま目の前にいる。

11月の東京として半世紀ぶりの積雪を記録した日、名伯楽にこう問うた。

「古沼さんは東京朝高が文部省（当時）の意向で公式戦に出られないのは理不尽と考えておられたと思います。切磋琢磨してきた彼らの高体連加盟をもっと早く推進すべきではなかったでしょうか？」

互いのチームの実力を認め合い、リスペクトを重ねてきた古沼がしかし、東京朝高の加盟について の議論になると、反対はしないものの決して積極的ではなかったということを複数の高校サッカー関係者から聞いていたのである。

古沼は、一瞬考え、そののち毅然と答える。

「そうは思いません」

そして、言葉をはさもうとしたこちらを制するように、「勝負師なら誰でもそう思うでしょ」と続けた。

すなわち、「都大会に出れば確実に毎年ベスト4以上の成績をあげただろう」（古沼談）実力をもつ東京朝高が予選に出場したなら、帝京高校は全国制覇どころか予選敗退の可能性が何倍にも高まった、というのだ。

そして、こう続ける。

「東京都で勝って、関東大会でも優勝する。その後に東京朝高と練習試合を組む。それが2対2のドローだったら……。『今年のうち（帝京）はかなり強いぞ』と全国大会の前に自信がつく。そういう相手だった」

「影のナンバーワン」率いた金明植

古沼は幼い頃より、朝鮮人に対する偏見が無かった。何となれば東京の下町、江戸川区生まれの古沼は、母親から1923（大正12）年に起こった関東大震災時の「朝鮮人狩り」の話を聞かされた体験があり、朝鮮人差別に対するしっかりとした認識があったからだ。地震直後に「朝鮮人が井戸に毒を入れた」「暴動を起こした」という流言飛語、内務省による官製デマは瞬く間に関東一円に広がり、未曾有の震災で興奮していた自警団による虐殺が至るところでまき起こった。詩人の萩原朔太郎〈はぎわら・さくたろう〉が「朝鮮人あまた殺されその血百里の間に連なれり　われ怒りて視る　何の惨虐ぞ」と憤怒を以て唄い、演劇青年伊藤圀夫〈いとう・くにを〉が千駄ヶ谷で自警団に恐怖し、悲劇を2度と忘れまいと芸名を「千駄ヶ谷のコリアン」

にちなんで千田是也〈せんだ・これや〉にしたというジェノサイドである。

この朝鮮人虐殺に関しては、自民党政権下（2008年）の内閣府専門調査会でも詳細にまとめられており、現代史の世界においては事実であると認定されている。にも関わらず、工藤美代子などの歴史修正主義者による「虐殺は無かった」という否定論が流布され、中には日本人にとって耳障りの良い言説に惑わされるリテラシーの欠如した人々も存在する。しかし、真の愛国者は真実と向き合う勇気を持ち、悲劇を繰り返さないために伝承する。

虐殺が始まり、東京の東部・隅田川と荒川が血で真っ赤に染まっていたとき、古沼の母親もまた悲惨な現場に遭遇していたという。両腕を縛られた朝鮮人が川に飛びこみ、それを巡査が上から拳銃で撃って浮かんでこなくなった話、まだ幼い朝鮮人の子供が泣きながら自警団に連れていかれた話などを、古沼に聞かせていた。そんな古沼だからこそ、何度も校長に朝鮮の学校とはサッカーをするな、と言われながらも反骨心を保ち、東京朝高との練習試合も帝京史上初めて実現させて交流を続けたのである。

しかし、常勝を義務付けられた強豪校の勝負師としては、慎重にならざるをえなかった。朝鮮人の学校だから、ではなく、とんでもない強い学校だからこそであった。全国制覇という現実を見据えたリアリストとしての感情である。換言すればそれだけ東京朝高の強さは突出していた。

チーム強化のためには何よりも強い相手と戦うことである。やがて多くの日本の学校が東京朝高の胸を借り始める。

1970年代の高校サッカー界を牽引した千葉県の習志野高校、東北の雄・日大山形、サッカーどころ静岡県の静岡学園、清水商、そして清水東……。

あらゆる強豪校が東京朝高との対戦を望んだ。日本の高校が東京・十条に足繁く通う姿は、いつしか「朝高詣で」と呼ばれるまでになった。もちろん、その「恩恵」を最大限に受けたのが「十条ダービー」を戦ったチームであったことは言を俟《ま》たない。

では、カナリア軍団＝帝京を率いたのが古沼ならば、その好敵手となり、高校年代の「影のナンバーワン」と呼ばれた東京朝高サッカー部を育て上げたのは誰なのか。

それが金明植〈きむ・みょんしく〉であった。

「至強伝説」――東京朝高サッカー部を1971（昭和46）年から16年間率いた金明植の物語は朝鮮人集落、東京は江東区の枝川から始まる。

目次

年譜

西暦	東京朝高	金明植	社会的できごと
1936			東京五輪開催決定（のちに返上）
1938		東京・深川で生まれる	
1943		一家ともに枝川に移る	
1945			日本敗戦。朝鮮解放（8月） 在日本朝鮮人連盟（朝連）発足（10月）
1946		東京朝鮮第二初級学校に入学	
1948	東京朝鮮中等学校が高校部を併設。現在の東京朝鮮中高級学校の前身に（4月）		韓国済州島で四・三事件起こる（4月） 大韓民国と朝鮮民主主義人民共和国が独立宣言（8、9月）
1949	都立朝鮮人高校に（4月）		枝川で成田事件が起きる（4月） 朝連が解散（9月）
1950			朝鮮戦争勃発（6月）
1951	王子朝鮮人学校事件（2～3月）	東京朝鮮中級学校に入学（4月）	
1952			サンフランシスコ講和発効。旧植

			民地出身者の日本国籍喪失（4月）「血のメーデー」事件にともない警官隊が枝川を包囲（5月）
1953	同好会からサッカー部へ		
1954	サッカー部が初の公式戦に出場。東日本サッカー選手権でベスト4に（7月）	都立朝鮮人高校に入学（4月）	
1955	全国高校サッカー選手権でベスト4に（1月） 朝鮮人高校が都立でなくなり、同時に高体連の大会への道が閉ざされる（4月） サッカー部の青山学院高校との定期戦開始（6月）		在日本朝鮮人総聯合会（総聯）発足
1957		中央大学に入学（4月） 中大クラブメンバーで出場した天皇杯全国サッカー選手権大会で優勝（5月）	南北の統一サッカーチーム「在日全コリアン」が結成
1958		全国大学サッカー選手権で優勝。決勝戦では先制点を決める（1月） 天皇杯決勝で関学クラブに敗れる	

1959		（5月）	北朝鮮への「帰国」運動が始まる（12月）
1960		在日朝鮮人選抜で対戦したオール新潟に6対0で快勝。翌年の「在日朝鮮蹴球団」結成のきっかけとなる（9月）	
		全国大学サッカー選手権で2度目の優勝（12月）	
1961		神奈川朝鮮中級学校の教師になる（4月）	
		在日朝鮮蹴球団（以下、蹴球団）の結成メンバーに加入（8月）	
1962		蹴球団として全国で親善試合を行う	
1963	帝京商工（のちの帝京）と初の練習試合		
1964	フォワード金希鏡らを擁して48連勝を達成	東京五輪で来日した北朝鮮代表と対戦	東京五輪開催（10月）
		金日成首相からスポーツマスターの称号が贈られる	
1965			日本サッカーリーグ発足（6月）。

			東洋工業が初代王者に 日韓基本条約調印（6月）。以後、日本政府は北朝鮮政権を認めず
1966	サンケイスポーツがサッカー部を「無敵」と報道（6月）	蹴球団として日本サッカー協会に準加盟	北朝鮮代表がワールドカップ・イングランド大会でベスト8に（7月）
1968		蹴球団の連勝が57でストップ。狛江の中央学院へ	
1970		朝鮮大学校サッカー部監督に就任（4月）	大阪万博開幕（3月）
1971	東京国体選抜チームとの定期戦開始（10月）。	東京朝高サッカー部監督に就任（9月）	
1972	サッカー部が北朝鮮を訪問・平壌で4試合を行う（7月）		全国高校サッカー選手権優勝校の習志野高校が北朝鮮へ。平壌で親善試合（5月）
			北朝鮮と韓国が統一への道筋を示す「南北共同声明」を発表（7月）
1973		平壌軽工業高校が来日し対戦。平壌チームのコーチから戦術メモを受け取る（1月）	
1975	静岡県で開催の全国高校サッカー親善試合（清水サッカーフェステ		ベトナム戦争終結（4月）

	イバル）に初参加。準優勝（3月）		
1982	清水サッカーフェスティバルで準優勝（3月）		
1985	清水サッカーフェスティバルで優勝（3月）		日航機が御巣鷹山に墜落（8月）
1986		東京朝高サッカー部監督を退任。在日朝鮮人神奈川県体育協会に勤務	チェルノブイリ原発事故（4月）
1990	第1回イギョラ杯を開催		
1991	野球部が高野連主催の公式戦に出場		
1993			Jリーグ発足（5月）。ヴェルディ川崎が初代王者に
1994	サッカー部を含めて高体連に加盟。40年ぶりの公式戦		
1995			阪神淡路大震災（1月）
1996	全国高校サッカー選手権東京予選に復帰	Jリーグコンサドーレ札幌のスカウトに就任	
1997	全国高校サッカー選手権の東京都大会に復帰後初の決勝進出		
1999			大阪朝鮮高級学校サッカー部がインターハイに初出場

2000		Jリーグモンテディオ山形のスカウトに就任	北朝鮮の金正日と韓国の金大中が直接会談（6月） 大阪朝鮮高級学校が第79回全国高校サッカー選手権に初出場（12月）
2001			広島朝鮮高級学校サッカー部がインターハイに初出場 ニューヨークで同時多発テロ
2002			FIFAワールドカップ日韓大会が開催（6月） 小泉首相が北朝鮮で金正日と会談。北朝鮮が拉致事件を認め謝罪（9月）
2003			NHK・BSで『冬のソナタ』放映開始。韓流ブームの先駆けに
2004			京都朝鮮高級学校サッカー部が第82回全国高校サッカー選手権に初出場（1月）
2005			
2006			大阪朝鮮高級学校が第84回全国高校サッカー選手権でベスト8に進出（1月）

2007	中級部サッカー部が東京都サッカー選手権で初優勝		
2008	サッカー部員が第63回大分国体選抜チームとして初出場	日韓親善シニアサッカー大会の日本チームメンバーとして韓国済州島でプレー	
2009		ロイヤルサッカー東西対抗戦のメンバーとして国立競技場でプレー	民主党を中心とする政権発足（9月）
2011			東日本大震災発生。福島第一原発事故（3月）
2015	ラグビー部が第95回全国高校ラグビー大会に初出場		
2016			朴槿恵韓国大統領が罷免される（12月）
2017		オーバー75カテゴリーでプレー	

第1章

ストリートが生んだクラッキ《名手》たち

ウォーターフロント

東京・有楽町から地下鉄で８分。豊洲駅を出て、地上の交差点に立つ。ぐるりと３６０度を見渡すと、自然と首が疲れる。高層ビルが交差点を取り囲むため、上空を見上げることになるからだ。

高さ１５０メートルを超そうかというタワーマンションが約10棟、さらに30階建て以上のオフィスビル数棟が視界におさまる。

都心へのアクセスが抜群で、２ＬＤＫの物件でも月額25万円が相場というピカピカの街の原型は、現在の「ららぽーと」にある。豊洲駅に直結するショッピングモールの正式名は「アーバンドックららぽーと豊洲」という。すなわちここは世界有数の造船会社である石川島播磨重工業（現ＩＨＩ）が巨大な造船《ドック》所を有していた場所なのだ。２００２（平成14）年に造船所は閉鎖され、すでに「ドック」はないが、ＩＨＩはいまも豊洲に本社を置く。

隅田川の河口に位置し、豊洲運河が縦横に走る、かつては日本の軍需産業の大きな一翼を担った土地でもある。

その豊洲から、徒歩で10分たらずの距離に人工的に作られた朝鮮人集落「枝川」はある。今でこそ、名の知られた焼肉料理店が点在し、お洒落な豊洲の住民たちも足を運ぶ。けれど足しげく当地を訪れる日本人の中で、この「枝川」の成立過程を知っている人は何人いるだろうか。

この地にコリアンタウンが出現したきっかけは、東京五輪であった。「裸足のマラソンランナー」アベベが甲州街道を走り抜けた1964(昭和39)年の東京五輪でも、もちろん「お・も・て・な・し」の2020年のそれでもない。

1936(昭和11)年のIOC総会で開催が決定され1940(昭和15)年に開催されるはずであった幻の東京五輪である。現在の駒沢競技場周辺を主会場に、アジア初の開催となるオリンピックに向けて、当時の東京市はさまざまな都市開発を推進した。

その一環として、深川区(当時)の塩崎、浜園(現在の江東区塩浜)の浅瀬を埋め立て、選手村を建設する計画が持ち上がった。塩崎、浜園には多くの朝鮮人(一説には約千人)たちが暮らしていたが、東京市は選手村のためにこの人々を追い出し、当時、ゴミ焼却場と消毒所しかなかった枝川に強制移住させた。それが枝川朝鮮人集落の始まりである。マジョリティか

タワーマンションが建ち並ぶ現在の東京・豊洲

ら隔離されたエスニックグループ（民族集団）が集められた飛び地のような場所、いわばエンクレイブ（居留地）であり、その実体は1人当たり1畳という計算で計画された移住という名の「収容」だった。1951（昭和26）年にまとめられた枝川地区の調査報告書「在日コリアンの生活実態」（日朝親善協会）によれば、この強制移住は「住居の自由を保障する近代社会において、このようなことが公然と行われたことは、ただ驚きかつあきれるほかない」と記される。

オリンピックという平和の祭典の名の下に人権が侵害されたのである。しかし、結果的に東京五輪は開催されなかった。アジア侵略に対する欧米列強からの反発に加え、日本経済も疲弊し、国内外から開催への風当たりが強くなったのである。折しも五輪誘致に奔走した功労者で講道館を創設した嘉納治五郎〈かのう・じごろう〉が死去したこともあり、1938（昭和13）年に開催を返上することになる（代替地となったヘルシンキものちに返上し、この年は五輪開催自体が中止となった）。

枝川が誇る「第二《チェイー》」

かつては粗末なバラック小屋しかなかった。東京ドーム2つ分ほどの大きさの中で朝鮮半島出身者がひしめき合って暮らすその一画で金明植〈きむ・みょんしく〉は育った。

東京五輪中止から67年が経過した2005（平成17）年、その枝川を明植と歩いた。排水がまったく機能せず、雨が降れば下水が逆流するというかつてのようなことはもうない。が、「この家から十条の東京朝高まで通った」といった話が出てくるあたりから、その面影は色濃く残る。

明植が路地の脇の公園で遊んでいた子どもに声を掛ける。

「どこの学校に行っているんだ？」

「朝鮮の学校に行っています」

少し驚いたような声で子供が答える。すぐ近くの東京朝鮮第二初級学校（通称「第二《チェイー》」）のことである。

「アボジ（父親）は誰だ？」

答える子供と、うなずく明植。枝川のすべてを知っている風情だ。

往時の生活がもっとも分かりやすいのは、公園の向かいにある「十畳長屋」と呼ばれた共同住宅だろう。

廃墟然として建つ2階建ては、その名の通り十畳一間の狭小住宅が並び、屋外に共同の炊事場やトイレがあった。いまや住人はほとんどいないが、その前に立てば、かつて暑い日も寒い日も、吹きさらしの共同炊事場で調理にいそしんだであろうオモニ（朝鮮語で「お母さん」）やハルモニ（おばあさん）のことに思いがいく。日本の近代化を支え、戦後は「ものづくり」ニッポンを支える労働者が行き交い、いまでは憧れの街にすらなった豊洲が東京のウォーターフロントの風景ならば、ここ枝川も日本近代史に色濃く「疵痕《きずあと》」を残すウォーターフロントでもある。

明植が歩きながら指を差す。

「ここがジョンソンの家、そこにテヨンが住んでいた。それからあそこが、チョンギョンの実家……」

驚いた。

1992（平成4）年、ダイナスティカップでオフトジャパンを相手にゴールを決めた元Jリーガーにして現在はFC琉球の監督を務める金鐘成〈きむ・じょんそん〉。1972（昭和47）

年当時、日本高校サッカー界の頂点に立つ習志野高校をなぎ倒した、東京朝高のＦＷ呉泰栄〈お・てよん〉。安英学〈あん・よんは〉を指導した朝鮮民主主義人民共和国（以下、北朝鮮）の元代表選手の李清敬〈り・ちょんぎょん〉。これら在日サッカーの歴史を彩った人材の生家が、同じ町内、ワンブロックごとにひしめきあっている。他にも、１９６０年代に名門・古河電工がその才能に惚れこんで入団を打診したという金泳珍〈きむ・よんじん〉、〝枝川の天才児〟と讃えられた呉昌守〈お・ちゃんす〉、１９８０（昭和55）年の北朝鮮ユース代表・夏文換〈は・むなん〉……。彼らは皆、この町の東京朝鮮第二初級学校出身である。

約65万人といわれる在日朝鮮・韓国人の中で、枝川の人口は約１０００人。同じ在日コミュニティでも、大阪の猪飼野（現在の生野区、天王寺区）などと比べれば圧倒的に少ない。それにもかかわらず、この小さな町は幻の日本最強チームといわれた在日朝鮮蹴球団に最も多くの人材を供給し、４人の北朝鮮代表選手を生んだ。

かつて枝川の第二《チェイー》は、在日サッカー界で格段の存在感を誇っていた。

大ヒット映画『パッチギ！』のエグゼクティブプロデューサーであり、現在も映画製作会社レスペの代表を務める李鳳宇〈り・ぼんう〉は京都朝高時代、サッカー部のキャプテンで右サ

金明植が在籍した頃の東京朝鮮第二初級学校（上）と現在の校舎

イドハーフを担っていた。その李も、枝川と第二に特別な想いをよせるひとりである。
「在日サッカーの中央大会で上手い奴を見つけて枝川第二《チェイー》出身だと聞くと、ああやっぱりな、と納得したものです。第二《チェイー》の選手はテクニシャンが多い。サッカーにおいて枝川は、特別な町という印象です」

子供たちが熱狂した草サッカー

1938（昭和13）年、明植は現在の韓国・慶尚北道《キョンサンブクド》からやってきた朝鮮人夫婦の長男として東京・深川に生まれた2世である。5歳のときに家族とともに枝川に引っ越してきた。だから1945（昭和20）年3月10日の東京大空襲の記憶がある。真夜中に母親に叩き起こされ、表に出ると空が真っ赤に燃えていた。無我夢中で防空壕に飛びこんだ。

一夜にして約10万人が殺されたという米軍機による爆撃は、東京の東部地域を火の海に変えていた。豊洲から門前仲町にかけては全焼し、東陽町などは折り重なった死体から道路に染みこんだ人間の脂が何年も消えなかったという。だが、奇跡的に枝川は焼けなかった。ほかに行き場がない朝鮮人たちの、決死の消火作業が功を奏したともいわれている。

日本が戦争に負け、解放された枝川の朝鮮人たちは、1946（昭和21）年に民族学校を開設する。これが現在の東京朝鮮第二初級学校である。ちなみに、都内の「第一初級学校」は荒川区に現存するが、開校の順番でいえば、じつは枝川が先であった。元は社会福祉施設の「隣保館」と呼ばれる建物であった。劣悪な居住環境に対して人権対策を講じるイギリスの福祉事業セツルメントにならって戦前から全国に広がってきた隣保館であるが、戦時中においては治安対策として取り締まる側の機能をすることが少なくなかった。枝川でも特高警察などの官憲が政府や東京市が開催する講演に強制的に動員をかけたり、監視の圧力のために集落を定期的に巡回する拠点となっていた（『東京のコリアン・タウン』より）。

戦後は反転するかたちでその隣保館が朝鮮の文化や言語を教える国語教習所になり、それがやがて改組されて民族学校となった。第二《チェイー》の運営にあたっては、近隣の野村食品、白山銭湯、枝川薬局といった生活に不可欠な商店が現在に至るまで陰に日向に支援してきた。明植は、創立間もないこの学校に入学した。

枝川にサッカーを伝えたのは、明植の担任教師であった柳海応〈りゅう・へうん〉と李永吉〈り・よんぎる〉の2人であった。

かつての枝川の路地（曺良奎『枝川町朝鮮人部落Ｂ』・1952年／出典「曺良奎画集」美術出版社・1960年）

薄暗くなったグラウンドで練習が続けられる　ゴールポスト前のシュート練習　明りがついているのは寮である

知られざる強豪

東京朝鮮高級学校
蹴球部

東京朝鮮高級学校蹴球部の実力は高校クラスで全国ナンバー・ワンといわれる。日本の一流高校チームと定期戦や親善戦合をしているが、このところ日本勢は善戦しても引分けがやっとで、どうも歯が立たない。外国人学校だから公式大会には出られないけれども、知られざる異色の強豪である。

ことしの戦績は31戦28勝1敗2引分け。1敗は秋の対大阪朝鮮高級学校戦。圧倒的に押しながらわずかなミスにより1―2で試合を落した不覚の敗戦だった。引分けの相手は浦和南高と浦和高。浦和南高はことしの国体高校サッカー優勝校だが、春は引分け、国体優勝後の秋の対戦では2―0でこの東京朝鮮高に一蹴されている。柳景熙（リユウ・キョン・ヒ）部長（30）も「三年前練習試合で習志野高に3―1で負けたほかここ数年日本の学校に負けた記憶がない」と笑っている。同部長は就任以来四年目。もともと陸上競技が専門とのことだ。定期戦は浦和高、早稲田高等学院、青山学院高等部、習志野高（40年度全国高校サッカー優勝）の四校と毎年秋[illegible]二回やっている。戦績は[illegible]9勝5敗3引分けとやや[illegible]のだが、他は圧倒的な[illegible]。対早稲田5勝0敗、対青学[illegible]敗（第一回定期戦で負けただけ[illegible]野2勝0敗。そのほか親善試合は東京や関東近郊の学校と年間三十試合程度。国体の東京代表校はよく国体出場前に、この東京朝鮮高に胸を借りていく。昭和二十九年からの通算成績は、276勝39敗26引分け。

東京朝高サッカー部を「知られざる強豪」として紹介するアサヒグラフ（1968年1月12日号）

「在日コリアンで草サッカーを始めたのは、枝川だったんじゃないか」と明植は言う。

ここで重要なのは、正規体育科目ではなく、部活動でもなく、草サッカーという点であろう。トップダウンで押しつけられたものではなく、下から持ち上がってきた、まぎれもない文化。日本人の少年たちが野球に興じるころ、在日の子供たちはひたすらボールを蹴っていた。それは当時の在日が置かれていた環境と無関係ではない。そのころの枝川には上下水道もなく、道も荒れたままだった。ひとたび雨が降れば泥水は周囲を覆《おお》い、明植は濁流《だくりゅう》に腰までつかった。

「貧しい暮らしが続き、そして集落の外に一歩出れば差別があった。在日には、そうした鬱《うっ》積《せき》した気持ちを発散させる場所がどこにもない。だから自然と学校のグラウンドに集まってサッカーが始まった。いつまでもいつまでも、時間があれば仲間と試合をやっていたんです。ボールも粗末なもので、雨が降ればすぐに水を吸って重くなる。靴だってボロボロで、すぐに親指が飛び出すから、布を巻いて履いていた。ひどいもんだよ……」

そこは明らかに日本社会から隔絶された空間でもあった。戦後長らく「タクシーを拾っても行き先を枝川と告げると行ってくれない」「地名に良くないイメージがあるから、アパートを建てても施工主は建物名に枝川とは付けずに『メゾン・ド・門前仲町』だの他の土地名を入れている」等、周辺の日本人住民からはネガティブな場所として枝川が扱われていたことを筆者も聞いている。しかし、隔離されたエンクレイブはサッカーの聖地でもあった。

「あとはひたすらサッカー」

枝川がどれだけサッカーと密接に絡み合った集落であったか、明植より下の世代である李清敬もこう証言する。

「僕らが鼻垂れ小僧の頃でも（朝鮮人コミュニティとしての）枝川の外には遊びに行けなかったから、日曜日でも朝から、学校（第二《チェイー》）にみんな集まってサッカーするのが当たり前だった。それも子どもたちだけじゃないんですよ、年寄りとね。皆がやるんだ。グラウンドに22人集っちゃうとそこで〆切りだから、必死に駆けつけるんだ」

植民地にされたアルジェリアからの移民の子供がマルセイユの団地でボールを蹴りだす理由、ブエノスアイレス近郊のスラムの中でインディオの子がサッカーに目覚める、それらの理由と酷似する（言うまでもなく前者はジダン、後者はマラドーナである）。世界各地にある移民や少数民族のコミュニティが名フットボーラーを生む背景には、被差別の厳しい現実があるのだ。

共通するのは、絨毯のように整備された芝生のピッチではなく、ストリートサッカーとも称されるように、路上でその足技を競ってきたことにある。ここ枝川もその例外ではない。グラウンドか道路か分からないような〝第二《チェイー》〟の運動場で、または路地で、何時間も飽きることなくボールを蹴る。そういう環境から名手《クラッキ》が生まれることは稀ではない。

さらにここで、歴史的にも朝鮮人にとってサッカーは特別な競技であったことを記しておきたい。日本の植民地時代、朝鮮半島において「蹴球統制令」という奇妙な法案が提出されたことがある。これはサッカーの試合数を行政が制限するというおろかな統治策であった。日本で普及する以前から、このスポーツに親しんでいた朝鮮の人々はことごとく日本人チームとの試合で圧勝を重ねていた。このままでは日本の支配下において蔑まれていた人々が、サッカーで誇りを取り戻し、やがて抗日の機運に結びつくのではないかと案じた朝鮮総督府（日本が朝鮮を統治するための官庁）が１９３４（昭和９）年にこしらえたものである。

さすがに朝鮮人体育関係者の猛反発に遭い布告されなかったが、当時より朝鮮人にとっては民族のプライドに深く結びついた競技であった。また当時日本の傀儡国家であった満州国の国技はサッカーであったが、日本人、漢人、満州人、朝鮮人、蒙古人の五族協和を謳ったこの国の代表チームも実際は朝鮮族のスキルが際立っており、主力のほとんどを占めていたと筆者は満州出身の体育関係者から聞いている。

話を枝川に戻そう。かようにサッカーの根づいた地域においても、5歳ごろからボールを追っていた明植のテクニックは、他に比するものがなかった。

枝川はまた、民族運動の拠点でもあった。それゆえに当局による弾圧も厳しかった。就職差別があり、職を失った人々はどぶろく作りで生計を立てていたが、その摘発のため警察が頻繁に強制捜査にやってきた。

「枝川の顔役」と言われた金一萬〈きむ・いるまん〉は、「弾圧」事件をこんなふうに捉えていた。

「当時、就職先も無くて仕事の無い朝鮮人が一番生活を賭けていたのはカストリ焼酎を造ることじゃないの。これを売って生計を立てるしかないわけだ。だけど個人が作ってしまうとそれは酒税法違反だちゅうわけだ。法からいえばそうだからね。当時はもうどこでもあったけど、ここは特に集団だったから取り締まりも厳しかった。見つかると全部没収。本当はあれは税務署がやるわけよ。機動隊は応援なんだけど、どうしても現場では機動隊との闘いが起きるわけだ」

明植の家でも手入れがあると、母親がカメに入れていた密造酒を容器ごと叩き割っていた。部屋はその度に汚れた。それが嫌で怖くて幼い頃にトラウマとなり、明植はアルコールは嗜むが70歳を過ぎるまでマッコリを飲んだことがなかった。

1949(昭和24)年4月には十畳長屋にて警官の発砲に端を発した大暴動、「成田事件」が起こった。通名、成田という朝鮮人男性が窃盗容疑で警察に追われ枝川に逃げ込んだ。追ってきた刑事は容疑者を背後からピストルで撃ち、負傷させた。警官が防衛に使うべき銃を逃げる相手に向けて撃つのは認められていない。銃声を聞きつけ集まった住民は、その刑事を軟禁し袋叩きにした。これに対し警察は1週間後の未明、600人もの警官を出動させ、容疑者6人を逮捕した。さらに大きな事件としてはこれより3年後の1952(昭和27)年、皇居前広場でおこった「血のメーデー事件」がある。この年のメーデー(5月1日)、デモ隊と警官隊が衝突し、死者1名(主催者側発表は2名)、重軽傷者200名(同638名)が出た。デモ首謀者の捜索を名目に、警官隊は皇居前から大挙して枝川に移動、この小さな町に成田事件を上回る1000人の警官が押し寄せて大量の不当逮捕者を出したのである。

弾圧は子供の生活の中にもあった。

早朝、明植が目覚めると家の近くの路地という路地に、真っ黒の鉄兜をかぶった警視庁予備隊が並んでいることがあった。朝の練習のために先輩を起こしにいかなくてはいけないが、玄関を出ると、子供に向けてもすぐに職質が待っていた。

「どこへ行く?」

「サッカーの練習に……」

警察官は信用せず、通してくれない。明植の目の前で同胞の大人たちが逮捕されていく日常。外に出ることにも常に緊張を強いられる騒然とした時代。当時、どぶろく作りや古物商を営んでいた母は、ことあるごと「サッカーをやめろ」と訴えた。「サッカーでは食べていけない」というのが口癖だった。それでも明植はサッカーをやめなかった。否、サッカーがよりどころになっていたからこそ、やめられなかった。

「家だって貧乏だし、寝るのとご飯を食べるだけ。ほかには何もすることがない。あとはひたすらサッカーをしていた」

第2章

「最強」伝説の萌芽

十条へ

1951（昭和26）年春、東京朝鮮第二初級学校を卒業した金明植〈きむ・みょんしく〉は、北区十条台の朝鮮人中高等学校に入学する。現在の東京朝鮮中高級学校の前身である。

通学のため最寄りの都電・木場停留所まで徒歩で行く途中には運河があるのだが、そこには橋がなく、筏を並べた浮き橋を渡っていく。周りは草がぼうぼうと生えて鬱蒼としていたし、台風の時などは命がけだった。

やがて枝川からバスが通るようになるが、東京駅までの定期代が都電の2倍もした。

「カネがないもんだから、やっぱり木場まで歩いて行った。そこから都電に乗って東京駅に行く。東京駅から国電（現ＪＲ京浜東北線）で東十条に。で、東十条から歩いて学校へ。金のあるやつは十条まで行って歩くんだけどね」

学校の最寄り駅である十条まで国電に乗ると料金が違ったし、東十条からは途中、急な坂もあった。

子どもにとっては過酷な通学経路だったが、足腰の鍛錬にもなった。そう思って続けた。

中級学校でもサッカー部に入ったが、そのころには併行して江東区の大人の草サッカーチームに混ざって出場するようになっていた。

在日コリアンの東京大会で優勝したり、都内の同胞で編成された選抜チームのメンバーに選ばれて大阪での全国大会に出場したりした。選抜チームには「第二《チェイー》」時代の担任、柳海応〈りゅう・へうん〉も加わっていた。

余談であるが、全国大会の会場となったのは在日コリアンの集住地区・鶴橋にほど近い真田山で、大河ドラマで有名になった「真田丸」の南側に位置する。

この全国大会で明植は初めて「ユニフォーム」というものに袖を通す。

「出発する前に監督さんたちが裕福な同胞のところに行って、寄付を集めてくれたらしい。スパイクやらストッキング、それにユニフォームを着てゲームをやったのがこの大会が初めてだったんで嬉しかったね」

それまでは先輩からもらった底がすり減って穴のあいた運動靴を履いて試合に出ていた。草サッカーにはユニフォームもビブスも不要だったのである。

この中級時代は政治的にまさに動乱、騒乱の真っただ中にあった。GHQの反共対策の指

設立間もない東京朝高全景。かつての陸軍兵舎がそのまま使われた（1956年撮影）

示を受けた日本政府は入学する3年前の１９４８（昭和23）年1月、「北朝鮮を祖国として教える教育は政治教育の禁止に抵触する」として、各自治体に朝鮮学校の閉鎖を通達していた。学校の運営母体となっていた在日本朝鮮人連盟（朝連）が、同年9月に成立する北朝鮮を支持していたためだった。

この通達に対し、各地で激しい反対運動が巻き起こる。大阪では抗議デモに参加した16歳の金太一〈きむ・ている〉少年が警官の発砲によって命を落とす。いわゆる「阪神教育事件」である。１９４９（昭和24）年にＧＨＱによって朝連が解散させられ、全国の朝鮮学校は運営母体を失う。朝鮮学校に通っていた大半の児童、生徒は日本の学校に編入されることになったが、その形態は地域によって異なり、神奈川、愛知の朝鮮学校は公立の「分校」となり、生徒数がもっとも多かった神戸では「自主学校」として民族教育を譲らなかった。東京では学校の公立化がそのまま計られて都立朝鮮人学校となった。

「都立」朝鮮人学校

都立の学校として再出発し、日本人教員が招き入れられると「国語」も朝鮮語から日本語の授業となった。しかし、完全に排除されたわけではなく課外授業として続けられ、明植によると、やって来た日本人教師は一様に教育熱心で、自らが朝鮮の言葉を自発的に学んで在日コリアンの子供たちに寄り添う先生が多かったという。

この辺りの詳細については、当時の東京朝高で教鞭《きょうべん》を執った梶井陟〈かじい・のぼる〉の体験手記『都立朝鮮人学校の日本人教師』（岩波現代文庫）に詳しい。梶井は、東京第一師範学校（現東京学芸大学）の生物科を卒業し、都立朝鮮人学校では理科の教員であったが、生徒との交流で大きく感じるものがあったのであろう。これを機に独学で朝鮮語を学び続け、ついには学問として究めて１９７８（昭和53）年にはなんと富山大学人文学部朝鮮語・朝鮮文学コースの主任教授にまでなっている。当時、「中学の先生が大学教授に」と新聞で紹介されている。

朝鮮学校が公立化されたことが、サッカー選手としての明植にとって大きなチャンスとなった。それまで私立の各種学校という位置づけだったものが文部省（当時）管轄になったことで高体連に加盟したのである。民族教育を受ける権利を考えたとき、寛容なのか、不寛容なのか、一概には測りかねる公立化であるが、済州《チェジュ》島の四・三事件（１９４８年）をモチーフにした大作『火山島』を著した在日作家の金石範〈きむ・そっぽむ〉はこの時代を肯定的に振り返る。

「私の記憶では、朝鮮人の生徒のところに日本人の先生がやって来て、日本語の教育をするわけだから、もちろん軋轢《あつれき》はあったが、カリキュラムにはしっかりと朝鮮語の授業も存在した。日本人の教員側も在日の苦境を理解して『同化』という方向ではなく自分たちから進んで朝鮮語を学んで民族教育の維持に協力していた。何よりも公立なので授業料が安く貧困にあえぐ同胞たちにはそれが幸甚《こうじん》だった。いい季節だったと言えるね」

朝鮮高校の無償化問題に揺れる昨今、このような時代がかつて確かにあったことを記しておきたい。石範の言う「いい季節」は東京朝高のサッカー選手たちにとっては二重の福音だった。高体連に加盟がなされたことで日本の公式試合に出場できるのだ。

初級学校、中級学校と進学するに連れて、明植のテクニックには磨きがかかった。東京朝高に入るや即座にセンターフォワードのポジションを獲得した。

当時の東京朝高を指導したのは、済州島生まれの金世炯〈きむ・せひょん〉である。日本の東京教育大（現・筑波大）サッカー部で活躍した青年監督だった。

1学年年上に李東奎〈り・どんぎゅ〉という先輩がいた。中国東北部旧満州で朝鮮族として生まれ、8歳のときに日本の福岡に家族と共にやって来た。やがて滋賀県に移住し、16歳になると親元を離れて上京、東京朝高に入学したのである。ただでさえ貧しい在日コリアンの家庭である。親からの仕送りなどあるはずもなく、東奎は学校の寮監のアルバイトをしながら通学するという苦学を余儀なくされた。それな東奎がサッカー部の中軸を担っていた。

当時の東京朝高のフォーメーションはFWが5人、HBが3人、FBが2人、いわゆるWMフォーメーションと呼ばれる古典的なシステムであった。明植、東奎の二人はいわばチームシステムの背骨となり、ゲームを作っていた。

メンバーには日本ではなく、朝鮮半島で生まれたサッカー経験者も少なくなかった。明植によれば、「朝高には1950年前後に来日した連中もいたんだ。四・三事件や朝鮮戦争の難を逃れて韓国から〝密航〟という形でやって来た生徒も多くいた。そうした中には韓国でのサッカー経験者がいて、彼らから教わったテクニックも多かった」。

祖国は地上戦が繰り返された歴史をもつ。

南朝鮮の単独選挙に対して、これを認めれば祖国分断が固定化されてしまうと蜂起をして抵抗した済州《チェジュ》島の島民を米軍軍政下の韓国政府が武力弾圧、島民の4分の1を虐殺したという済州島四・三事件（1948年）、さらに「国境線」の北緯38度戦を越えて北朝鮮軍が攻め入り、

初の公式戦となった第３回東日本高校サッカー選手権大会（1954年8月）。右端が監督の金世炯

67万人の民間人が犠牲になった朝鮮戦争（1950年）が傷跡の癒えぬ民衆を苦しめた。
それらの戦火を逃れて日本に辿りついた人々は今で言えば難民認定されるべき存在である。しかも親と逃れてきた10代の若者であればボールを蹴る自由などろくに無かったであろうに、明植ですらときにおどろく技術を持っていたという。

全国大会の予選で優勝

1954（昭和29）年秋、東京都立朝鮮人高校は破竹の勢いで初めての東京都予選を勝ち進んでいく。

初戦の大森高校には15対0というラグビーのようなスコアで圧勝。続く文京高校に3対0、強豪の石神井高校に1対0、千歳高校に7対0と、4試合連続無失点の堅守と弾けた時の圧倒的な得点力でベスト4へ勝ち進んだ。

12月4日に武蔵野サッカー場で行われた準決勝の相手は大泉高校であった。3年前には全国ベスト8まで進んだ強豪である。この試合、予想にたがわず東京朝高は開始早々ゴールを立て続けに決められて、2点のビハインドを負ってしまう。センターフォワードの明植の両サイドは2年、3年の先輩だったが、やや諦めた表情を見せていた。そこで明植は「相手は先輩だけど、尻をたたいて発奮させたんだ」。

そのハッパが効いたのか東京朝高は前半のうちに1点を返し、後半2点を奪い、見事な逆転勝利をおさめる。

残るは決勝のみ。その対戦相手は、前年の代表校・青山学院高等部（以下、青学高）だった。東京朝高が大泉高校を破ったのと同じ会場で、青学高は東京教育大付属高校を3対0で順当に破って決勝戦進出を決めていた。

青学高の2年生でセンターハーフの鈴木洋一〈すずき・よういち〉は、初めて見た朝高のサッカーをよく覚えている。

「ねばっこくて強い足技、負けていても1点を取るとガラリと空気が変わり一気に逆転していく。まれにみる瞬発力に優れた力強いチームだ」

技術的な面でも、朝高の選手は足の裏を使ってボールをコントロールするなど、自分たちにはまだできないそのテクニックに目を見張っていた。

鈴木の父が監督を務める青学高は、前年の春に「彗星のごとく現れ」（鈴木談）、春の東京王座決定戦で優勝、冬にも選手権東京予選を勝ち抜き代表を勝ち取っている。3年生が1人しかおらず、2年生中心のチームだったが、青学中等部時代からのチームメイトがほとんどで、同じメンバーで戦ってきた強みがあった。しかし、鈴木は準決勝で右膝を脱臼してしまう。「自分は出場できないし、決勝は危ないのでは」と大きな懸念を抱いた。

鈴木は幼い頃から、父に連れられ、ドイツやスウェーデンのチームと日本代表が行う国際親善試合を観戦していた。合宿も学校の内外で行い、東京教育大や明治大学の選手に臨時コーチに来てもらった。そうした特別な強化を経て結果を出し始めたチームには数十人の女子生徒の「追っかけ」もできた。青学高に対するその黄色い声援は当時は無骨だったサッカーの試合会場で異彩を放ち、その中心にはいつも鈴木がいた。

その鈴木をして「危ない」と感じさせるものが朝高サッカーにはあった。

そして、翌日の決勝戦12月5日。鈴木の不安は的中する。試合は序盤から東京朝高が優勢に進めた。得点を挙げたのはやはり明植だった。右ウイングのポジションにいた3年生の許宗萬〈ほ・じょんまん〉がドリブルで駆け上がり、中央にクロスを供給すると、臆することなく走りこんだ1年生ストライカーは見事なシュートをゴールに叩き込んだ。後半も得点が加わり、試合は2対0で朝高が快勝した。公式戦に出場した最初の年にいきなり優勝するという偉業であった。

「これで全国選手権に行ける！」

明植たちは歓喜に包まれた。しかし、ことはそう簡単に運ばなかった。

高体連からの「待った」

全国大会の組み合わせが新聞に出ると、全国高体連の星一雄〈ほし・かずお〉会長（当時の都立九段高校校長）は、同じく高体連サッカー部長の松浦利夫〈まつうら・としお〉に「高体連は日本の高校生のためにある。（朝鮮人の学校が全国大会に出るとは）何をやっているのだ」という叱責《しっせき》を浴びせた。松浦は朝鮮人高校が公式戦に出ることを全国高体連に報告していなかったのである。

松浦はすぐに全国高体連の事務局がある九段高校に向かい、星会長に同じ都立高校であること、外国人選手の出場制限の規定はない旨を説明し事後了承を得た。また主催地の近畿の高体連にも使者を派遣し了解を得ている。ただし応援団の北朝鮮国旗使用は自粛を求めることにした。

この騒動は12月16日の報知新聞に「朝鮮高校参加〝待った〟」という見出しで報道された。同記事によれば、「外国人学校を参加させるのはどうか」と大阪高体連からの横ヤリが入ったのだという。これに対して高体連サッカー部会は「地区大会に参加を認めている以上、代表となれば出場するのが当然」として、翌日の会議に諮る、としている。

星会長は、取材に対し「感情的にならないように善処したい。この問題は高体連の要項、サッカー協会の要項にも不備があるため起きたものだ」とのコメントを出している。

一方で、東京都大会の決勝を戦った青学高の鈴木は冷静に見つめていた。

報知新聞の記事を見た鈴木は一瞬、「もしや自分たちが出場できるのでは」と思ったという。しかし、すぐにそんなことに期待すべきではない、と思い直す。

そして「それにしても朝高の選手の心境はどうだろう。せっかく優勝して張り切っていただろうに、彼らのサッカーに対する態度が立派なものだけに同情する」と自身の日記に記す。また大会を控えた大晦日には「朝高は東京代表として堂々とやってくれると思う。今、彼らは宿の床の中だろうが、正々堂々と東京のため、我々のために戦ってくれることを祈る」と

朝鮮高参加"待った"

主催地・大阪高体連で横ヤリ

一月三日、四、六、七の五日間西宮で行われる全国高校サッカー選手権大会に青学を2―0で破り東京地区の代表となった朝鮮人高校に対して主催地の大阪高体連から東京高体連に『外国人学校を参加させるのはどうか』と横ヤリが入り、東京高体連では十七日、九段高校で緊急理事会を開き態度をきめることになった。

一方サッカー協会では地区大会に参加を認めている以上、代表となれば出場するのは当然だとみているが、十五日には朝鮮人高校の金洛浚教官が東全国高体連会長を訪れ『ぜひ出場したい』と述べており、これに対して全国高体連がどういう最終決定をするか、注目されている。

東全国高体連会長談『感情的にならないように善処したい。この問題は高体連の問題、サッカー協会の問題にも不備があるため起きたものだ。私としてはなにもいえないが、問題は国外との関係を含んでいるので、東京高体連理事会の結論をまったうえで慎重に態度をきめたいと思う』

全国高校サッカー選手権への出場問題を報じた報知新聞

したためた。

結局、東京高体連は九段での会議をまっとうな結論で終えた。当然「勝ち抜いたチームが代表となる」という結論であった。

ようやく、第33回全国高等学校蹴球選手権大会東京都代表は都立朝鮮人学校に決まった。

破竹のベスト4進出

現在は関東で行われているサッカー高校選手権であるが、当時は西宮で開催されていた。東京朝高チームは関西に移動した。全国に舞台を移しても快進撃は止まらなかった。トーナメント1回戦で長崎の島原高を2対1で破ると、続く2回戦では宮城代表の仙台育英高を1対0で退けた。出場校が20校であったことから、これでベスト4進出を決めたことになる。あと2つ勝てば初出場にして全国優勝が決まる。朝鮮学校による全国制覇である。チームは盛り上がった。しかし、準決勝の浦和高戦の前に予想外の「事件」が起こってしまう。

明植が振り返る。

「民族学校の初めての全国大会出場。さらには勝ち進んでもう少しで優勝にも手が届くというんで、多くの在日同胞たちが喜んで、我々の宿舎に大量の差し入れを持ってきてくれたんだな。もうあの頃の貧しい高校生にしたら、本当に目もくらむようなご馳走でね。わざわざ遠くから持って来てくれた人もいてその気持ちも嬉しかったし、夢中で皆でバクバクむさぼり食ったわけだ。そうしたら普段食べつけないものを大量に摂ったから、内臓がびっくりしたんだな、私は全然平気だったんだけど、他の選手が腹をこわしちゃった。レギュラーのうち7人位が酷い下痢で、もう試合どころの体調じゃなくなっちゃったんだね」

結果的にこの大会を制することになる浦和高に0対7の大敗を喫してしまう。後に慶応大に進学する大型ストライカーの志賀広〈しが・ひろし〉にはいいように点を取られた。

「負けた理由すべてをアクシデントのせいにしたくないし、浦和は本当に強くて、我々全員がベストのコンディションでやっても勝てるとは思えなかったけれど、点差はもっと縮められたかな」

何とも不運な幕切れではあったが、それでも初めての公式の全国大会でベスト4の結果を残した。

選手権では嬉しい出会いもあった。試合では日本の通名でプレーしていたが、実は在日コリアンという選手が多くいたのである。その代表が2回戦で対戦した仙台育英高の大原兄弟だった。本名は姜〈かん〉と言い、高校を卒業すると兄も弟も法政大学へ進み、関東大学リーグで名を馳せることになる名選手だ。「俺たちも実は朝鮮人なんだよ」。そう言って東京朝高の宿舎を訪ねて来た2人を明植も東奎も温かく迎え、サッカーはもちろんお互いの学校のことなどをしばし話し込んだ。

　東京朝高の全国高校サッカー選手権ベスト4のメンバーは以下の通りである。

監督　金世炯
GK　禹永玉（3年）
FB　李成雨（3年）　金武一（2年）
HB　姜準模（2年）　李東奎（2年）　元竜淵（3年）
FW　許宗萬（3年）　呉正煥（3年）　李炳烈（2年）　金明植（1年）　卞鐘律（1年）
主務　朴志栄（3年）

第33回全国高校サッカー選手権で仙台育英と対戦する東京都立朝鮮人高校。左端でヘディングシュートする許宗萬は後に総聯議長を務める

第33回全国高校サッカー選手権で3位に。金明植(後列中央)のほか李東奎(後列左端)や許宗萬(前列左端)の姿も

東京朝高の非都立化と青学高主将のスピーチ

だが、予選も含め東京朝高の公式戦への出場はこの年だけで終わる。

日本の文部省の指導下での授業よりも、朝鮮人としての独自の民族教育を取り戻したいと願った保護者たちの働きかけで、都立朝鮮人高校は1955（昭和30）年3月をもって都立ではなくなった。その背景には、都立化以前に学校を運営していた朝連を解体し、その後身として在日本朝鮮人総聯合会（以下、総聯）が同年5月の結成を控え、日本人との共闘よりも民族重視へと転換を始めていたことがある。

同年4月から、以前と同じように日本の法律的位置づけでは、私立の各種学校として再スタートを切った。そして、高体連も学校教育法でいう「日本の高校ではない」との理由で、東京朝高の加盟を取り消す決定をする。

しかし、東京都のために大きな結果を残した学校を果たしてそうも簡単に切り捨てて良いのか。1955（昭和30）年4月16日、九段高校での東京高体連サッカー部会では都立高校でなくなった東京朝高の処遇が論議された。議題の当事者である東京朝高からも金世炯〈きむ・せひょん〉

監督と許宗萬からキャプテンを引き継いだ李東奎がオブザーバーとして出席した。各高校の代表が呼ばれて話し合いが続けられる中、ここで1人の選手が後世に残る発言をしている。

東京朝高が都予選の決勝で戦った青学高の新キャプテンとなった鈴木である。

自分たちを破った東京朝高は全国で期待に違わぬ活躍をして来てくれた。そんなチームがもう再び日本の公式大会に出場できなくなることに、鈴木は同じサッカー選手として心を痛めていた。一方で、対戦して東京朝高の強さを目のあたりにした学校関係者の中には「このままでは都大会の優勝はいつも朝鮮の学校にさらわれてしまう」という危機感を持ち、加盟取り消しの空気を後押ししている人々もいた。

青学高のチームメイトと共に参加していた鈴木に議長の松浦利夫は発言を求めた。

鈴木は「スポーツに国境があってはいけないと思う。外国人だということ、強すぎるということで朝高をオミットすることはできない。強いチームは全体のレベル向上のために必要だし、今度こそ勝ってやろうという気にもなる。我々青学高は東京朝高の高体連への加盟継続を要求する」と堂々とした意見であった。

東奎は感激した。筆者は2013（平成25）年に平壌《ピョンヤン》で東奎に会っているが、このときの鈴木の言葉は「今でも忘れられない」と語っていた。この正論によって会議は加入を認める方向に傾く。挙手で賛否を取ると51校中、過半数の34校が加入に賛成した。

会議後、金世炯と李東奎は鈴木のもとに行き、感謝と感動を伝え、かたい握手を交わした。喜寿を迎えた鈴木は、「（東京朝高のキャプテンらと）交わした言葉はもう覚えていないが、あの時、握りあった手の熱い感触は今も忘れない」と語る。

だが、東京高体連の「加盟（継続）承認」の判断にも関わらず、全国高体連はその決定を受け入れず、1955年度から東京朝高は日本のいっさいの公式戦に出場できなくなった。

文部省管轄ではないということで高体連の加盟校から外されたのだ。この時、高体連は念入りにも「外国人のみを収容している学校の参加は認めない」という開催要項の参加制限も決め、後に「外国籍」の選手は1チーム5名までエントリーできるが、そのうち同時に試合出場できるのは3人までとする申し合わせとなっていく。

「誇れる行事」となった定期戦

出場規制が緩和されて各種学校のまま高校選手権に参戦できるようになるのは、元横浜

FCの安英学〈あん・よんは〉の世代が高校3年で出場する1996（平成8）年まで待たねばならなかった。なお、このサッカー部会会議での鈴木の発言もあって東京朝高と青学高はさらに友好関係を築き、以降、春と秋に1試合ずつ親善を目的とした定期戦を行なうことになった。会議に先立つ4月8日、新チームとなった青学高は、春休み中の合宿の総仕上げとして東京朝高に再戦を申し入れ、後に立教大学で活躍する熊沢宏〈くまざわ・ひろし〉の得点により1対0で勝利していたが、以降も交流を続けていくことになったのである。

この定期戦は1986（昭和61）年まで続き、対戦成績は37勝1敗と東京朝高が圧倒しているが、青学高サッカー部は1959（昭和34）年春の学内新聞に「掛け値なしに誇れる行事」と紹介している。

鈴木自身も朝高生の紳士的なプレーやふるまいに接し、「サッカーに対する態度に感心した」と日記に記している。そして「僕自身があゝした発言を行なった背景には、青山学院の校風があったかもしれない」と語る。毎日礼拝をしたことでキリスト教の精神が植え付けられていたこと、またクラスには外国籍の生徒が欧米系、アジア系を問わず何人かいた。鄭という名字の生徒もいたが、国籍がどこかを誰も気にもしなかった。

スポーツに国境なし

ガッチリ結ぶ"男の友情"

サッカー部が歓送試合

北朝鮮帰還の陰に 涙あり、第十回定期戦

北朝鮮帰国第一船の新潟出帆もあと[illegible]週間後となり、日本と朝鮮の友好を[illegible]の間に、全国各地で"帰還歓送"の交歓が行なわれている。これもその一つ。青山学院高等部（[illegible]校長）と東京朝鮮中高級学校（[illegible]校長）の間で毎年行なわれて来たサッカー定期戦の第十回目を"帰国歓送大会"として両校あげての行事とし、[illegible]はなはだしい国際試合にまで発展させようと計画している。試合は十二月六日午後、小石川サッカー場で行なわれたが、[illegible]"スポーツに国境はない"[illegible]

青山学院高等部

東京朝鮮中高級学校

さる三十年四月都立九段高校で開かれた都高校体育連盟サッカー部会の席上で「朝鮮人高校の加盟をこのまま認めてゆくべきか」という議題が出された。同年正月西宮市で行なわれた全国高校サッカー大会に朝高が東京代表として出場したさい「外国人ばかりのチームが代表として出場するのはおかしい」と某方面から横ヤリが入り、その大会だけは関係者の努力もあって出場を許され準決勝まで残ったが、改めて態度決定を迫られた都のサッカー部会が提案した議題だった。

朝高は前年の夏、東日本高校大会に初出場して四位に入賞、それまで都で絶対の強味を誇っていた青学高を押えて都サッカー界に異彩をはなっていた。さらに全国大会の予選ではまたも前年優勝の青学高と決勝で対戦、これに勝って西宮市へ遠征したものだった。サッカーを国技的な位置におく朝鮮人の強さは当然、都下ではこの分ではいつも優勝はさらわれそうな気配だった。

こうした背景で開かれた連盟部会だっただけに「朝高は脱退してほしい」という空気が強かった。この時立ち上がったのが当時青学高の主将だった鈴木洋一君（現青山学院大四年）だ。「スポーツに国境があってはならないと思う。外国人だということで、強すぎるということで朝高をオミットすることはできない。強いチームは全体のレベル向上のため必要だし、今度こそ勝ってやろうという気にもなる。青学高は朝高の加盟継続を要求する」と提案した。だが大勢は朝高除外意見に傾き、そのまま議決されてしまった。

同じく会議に出席していた朝高サッカー部監督金世炯教官は東京教育大学を卒業後同校に奉職、チームを育てる野望を持っていただけに、鈴木君の言葉は胸に突き刺さって嬉しさはかくせなかった。会議後、涙をふく間もなく金先生は「きょうはありがとうございました。この感激を忘れないために青学高と定期戦をやってもらえませんか」と鈴木君、青学高、長瀬晃教官に申し込んだ。当時都内で一、二位を争った強チームの定期戦はこうして生まれた。

春は朝高、秋は青学高が当番校となって両校あげての行事となったこの試合は、数えて十回目になった。第一回に出場した両校選手のうち、教大の李東鉉、中大金明植、立大の熊沢宏、法大中村英一君らは現在関東大学リーグ一部校のエースとして活躍している。だが北朝鮮への帰国が実現することになり、[illegible]でレギュラーの[illegible]ら八人が帰ることになった。他の選手も卒業後、配船具合で帰[illegible]りは試合を続けてゆきたいが、帰国者がふえて本国でチームができるようになれば、ぜひ国際試合をやりたいものだ。

[illegible]木洋一君の話＝戦績は一勝八敗と負越しているが、今年こそ勝ちたいものだ。私たちの念願することは一日も早く国交が開かれ、両国が結んで試合をやりたいことだ。今までの友情をいつまでも、と思って帰国する人たちには青学の校歌を吹き込んだ[illegible]国する意思を持っており、それでは第十回目の定期戦は"帰国歓送"の試合に、と相談がまとまったのだ。

当日はコーラス隊やブラスバンドも繰り出し、花やかな親善風景が展開されるが、やがて国交が回復されれば東京ー平壌間の定期戦[illegible]意気ごむ鈴木君、金先生の"夢"は見事に結実して実現するだろう。

青学高との定期戦を「スポーツに国境なし」と伝える東京タイムズ（1959年1月30日）

「僕たちはやっぱりサッカーが好きだっていうね、それだけだった。相手が技術的に上だったら学ぶ姿勢も出てくるし。サッカーが好きだったから、朝鮮人高校の選手も横ヤリが入って出場できないということであればそれはショックだろうなと思いました」

鈴木には他者の気持ちが理解できる豊かな想像力が備わっていた。

この高体連の会議から42年後の1997(平成9)年12月、鈴木は金明植と再会し、東京都大会をともに観戦する。それは、公式戦に復帰した東京朝高と帝京高校が全国選手権東京予選の決勝を戦うという記念すべき一戦だった。

日本テレビがこれを取材した番組の中で、鈴木は「強い東京朝高の加入によって東京の高校サッカーのレベルが上がるのではないか」とかつて自分が述べた意見が歴史的に証明されたことに、感無量の思いを抱いたと話している。

一方、明植と青学高サッカー部員との縁は今も続いている。明植は現在もオーバー70、75のサッカーチームで現役として活躍しているが、青学高の出身者らを含む「青山《せいざん》クラブ」でも戦い、1試合で4アシストの大活躍をしたこともある。

もて余すエネルギー

話を1955（昭和30）年に戻そう。朝高が再び一切の公式戦に参加が出来なくなったために、2年生になった明植は試合に飢えていた。サッカーは集団で得点を争う団体競技であり、ただ練習をしているだけではモチベーションを保ちにくい。朝鮮民族にとって重要な「光復節」の8月15日のことだった。枝川の自宅で昼寝をしていると、先輩が呼びに来た。

「おい、試合だ。スパイクとパンツだけ持って出て来い」

それだけ言うとスタスタと歩いて行ってしまった。「何の試合だろう」少なくとも日本のチームと戦う大会ではない。訝《いぶか》しがりながらもついて行った。何にせよ、久しぶりに試合に出られるのだ。こんなに嬉しいことはない。会場となっているグラウンドに着くと先輩は「ここでやるんだが、開会式とかそんなのには出なくていいからな。試合直前までお前はトイレに隠れていろ。絶対に外に出るな」。一体何なのだ。ひとりごちながらトイレの窓から外を仰ぎ見て驚いた。

「あっ、まずいな」

視界に飛び込んで来たのはポールに翻る韓国の国旗、太極旗であった。連れて来られたのは韓国を支持する団体、民団（在日本大韓民国居留民団、現・在日本大韓民国民団）の主催する大会であった。

言うまでもなく朝高は北朝鮮を支持する朝鮮総聯の傘下にある。本来、朝高のエースである明植が出場してはいけない大会であった。当時は東西冷戦下にあり、総聯と民団の対立も現在とは比較にならないほどに激しかった。先輩はだから、ホイッスルが鳴るまでは目立たないように身を潜めろと命じたのだ。

「まあ、いいか」。サッカーが出来る喜びは何ものにも代えがたかった。試合開始直前、満を持してピッチに駆け出すと、縦横無尽に走り回る働きでゴールを量産した。明植は高校選手権出場によって真剣勝負の試合の厳しさ、楽しさを知ってしまっていた。全国での自分のレベルも確認できた。もっと上手くなってもう一度この舞台に帰って来たい。そんな思いでいた高校生が、公式試合出場のチャンスを奪われてしまったのだ。その悔しさはいかばかりだったろうか。明植は日ごろの鬱憤《うっぷん》を晴らすかのように躍動し、助っ人として腕を貸したチームを優勝に導いた。試合後は池袋に繰り出して大いに騒いだ。チームメイトとは朝鮮半島の北も南も関係なく、久々の楽しい時間だった。

しかし、このことが朝高にバレてしまった。

「お前は何をやっていたんだ」ときつく叱責《しっせき》したのは先輩の李東奎だった。

明植は、夕立が降ると近所の洗濯ものまで一緒に取り込んでしまうのが日常という枝川コミュニティ育ちである。極めて開放的で人懐こく、組織やイデオロギーに縛られることを嫌う反骨の気質に溢れていた。集団においても親分肌で情が濃い。対して、まだ幼いうちから旧満州、福岡、滋賀、東京と流転を繰り返して来た苦労人の東奎は、ストイックで誠実な人柄によって周囲の人望を集めるタイプだった。温厚でめったに声を荒げたりはしないが、口を開けば言うこと全てに筋が通っている人格者で、サッカー部の新キャプテンとなると同時に生徒会の会長（学生委員長）に就いていた。同胞学生たちに祖国北朝鮮への忠誠を誓わせ、強い民族心を説くことがこの立場に就くものの責務だった。ピッチの上だけでなく、普段の生活でも信頼関係の強い東奎と明植だったが、民団主催の大会に出場したことを知ってしまっては看過できなかった。

「試合に出たい気持ちは分かるが、勝手なことをするな。お前も朝高のセンターフォワードとしての自覚を持たないとだめだ」

サッカー部の先輩であり、誰よりも真面目で勤勉な東奎に説教をされては謝るしかなかった。

しかし、優秀な選手には民族、国籍を問わず、オファーが殺到するものだ。しばらくするとまたも違った先輩から大会出場の誘いが来た。今度は大阪の真田山のサッカー場で行なう試合であった。助っ人に来てくれれば旅費も宿泊費も出してくれるという。明植は再びスパイクを持って出かけていった。それは大阪鶴橋の在日集落に多く住む済州島出身の村別対抗戦だった。朝鮮半島出身者対済州島出身者ではない。済州島内の出身地域ごとに分かれてのトーナメントであった。日本ではまだまだサッカーがマイナースポーツであった時代、在日社会においていかに盛んにこの競技が行なわれていたかの証左である。

明植は大いに活躍し、その日は大阪で柔道場を経営している同胞の家に泊めてもらった。関西で行われた大会だったので知られることは無いだろうと思って東京に戻った。しかし、やはり面が割れていた。

「金明植が南の主催する大会に出ていた」

総聯の大阪体育連合会から東京朝高に連絡が入っていた。

「全くお前は……」、またも真面目な東奎に絞られた。

超強豪校を
育て上げた

古沼貞雄

帝京が強かった理由?・
朝高に金明植さんがいたって
いうこともある

古沼貞雄〈こぬま・さだお〉

プロフィール

1939（昭和14）年4月、東京江戸川区に生まれる。

都立江戸川高校時代に自ら陸上部をつくり駅伝の選手として活躍。1958（昭和33）年東洋大学に進学し箱根駅伝を目指すもケガで挫折。同大を中退し、その後、体育教師を目指して日本大学に進学。

1964（昭和39）年、帝京商工（のちの帝京高校）に赴任。翌年から2005年3月まで、約40年にわたり同高サッカー部を指導。全国高校総体優勝3回、全国高校サッカー選手権優勝6回の輝かしい成績を残す。門下から多くのJリーガー、日本代表選手を輩出した。

監督退任後は各地の高校から臨時コーチの依頼がひっきりなしにあり、各地を飛び回る。

2005（平成17）年には東京ヴェルディアドバイザーにも就任した。

名刺には「而今《じこん》（今を精いっぱい生きること）」という言葉を記している。

僕は東京オリンピックのあった1964（昭和39）年から帝京の体育教師になって、1965（昭和40）年からサッカー部の監督になったんです。

学生時代は陸上部でサッカーは本職じゃなかった。でもサッカー部の監督が組合活動の関係で学校と対立して辞めちゃって、2年目から僕がサッカー部の監督をすることになったんです。それで監督になる直前から、サッカーの勉強のために、帝京から歩いて5分ぐらいのところにある朝鮮高校でやっている試合を見に行ったりしました。練習試合ですね。まだいろいろ混乱していた時代で高校生なのに20歳ぐらいの生徒もいました。

はじめて見た朝高の選手はボール扱いがとにかく巧いし、体つきも違っていました、もう骨格から。瞬発力もあって、へーうまいもんだなーと思いましたね。

何回か見に行くと、当時の監督さんに、「来週も試合があるから、また見に来てください」とかって言われるようになりました。

それで僕がサッカー部を見るようになってから、すぐ朝高と試合をしました。

帝京もその時、東京都内ではトップクラスだったんです。監督に就任した年に全国大会には出れたんですよ。でも、朝高にはぜんぜん勝てなかった。

――時代は戦中戦後の記憶も生々しく、在日コリアンへの差別も厳しいころだった

僕は江戸川区で生まれ育って家の周りにけっこう朝鮮人が住んでました。それで中学に上がるって時に朝鮮中学が北区の十条にできて、5、6人の同級生が行ったんです。「おめーらなんだよ」って聞いたら、「国の学校ができたからおれ達は日本の学校に行けねえんだ」って言ってね。

だから僕は朝鮮高校に対して偏見とかそういうものはなかったけど、当時の帝京のエライさんたちは、朝鮮高校と試合することをあまりこころよく思ってなくて、学校からは試合をやっちゃいけないって言われました。

生徒同士も駅とかでしょっちゅうケンカしていましたしね。

それでも、内緒で練習試合をやりました。授業が3時10分ぐらいに終わって、教員たちがまだ教職員室にいるあいだに、スパイクだけ持って、帝京から走って朝鮮高校に行きました。ストレートに行くんじゃなくて、朝高とは反対方向にランニングに行くふりをして行けとか、カモフラージュしてね。で、試合が終わって帰ってくる頃には教員なんか誰もいないしね。

朝高からも、全国大会の出場権を取ったっていったら、すぐ試合の申し込みがくるようになりました。東京でチャンピオンになったチームに勝つと箔が付くし、本国なり総聯なりにも受けがよかったんでしょうね。

――だが、フレンドリーマッチというにはほど遠かった

その頃、他の高校のサッカー部だと練習試合を見ている生徒なんて5人とか10人ですよ。ところが朝高に行くと、女子学生が校舎の2階、3階から鈴なりになって見ているし、グラウンドの周りをぐるっと生徒が取り囲んで、威圧されましたね。

試合前の練習でヘディングシュートして、うちの選手が外したりすると大声で笑われたり、試合でも、フェイントで抜いたりすると唾をひっかけられるとかね。初めのうちはそんなだったですよ。金（明植）さんが来てからはそんなことはなくなりましたけど。

ただでさえ強いのに、完全アウェーの感じですから、最初の6、7年はほとんど勝ったことがなかったですね。あの時代、朝鮮高校の先生、生徒はある面で日本人を敵のように考える信念も持っていたと思います。

それでうちの奴らなんかもうビビっちゃってるから、「馬鹿野郎！　周りに見ているやつが

何人いようが、サッカーはグラウンドに入ったら11対11でやるんだ、びびんじゃねえ、てめえら金玉つけてんだろう」って、喝を入れたりもしました。

帝京の中じゃえばっているのに向かって、てめえ、帝京の部室の中じゃ偉そうに下級生にえばってるけど、なんだよ、朝高来たら。サッカーするのおっかないんだったらやめちまえバカヤローって怒りましたよ。

朝鮮高校側の勝負に対するこだわりはすごくて、たまに1対0とか2対1で帝京がリードしたりしてたら、当時35分ハーフだけど、45分ぐらいまで試合時間が伸びたり……。「主審、もう40分になるよ」って言っても、しらばっくれて続けるんですよ（笑）。で、ペナルティエリアなんかでひっくり返ったりしてね、ＰＫ取られて同点にして、それで終わるんですよ。でも同点だと、また明日やろうって言うんです。私もそういうのだんだんわかってきてね、何の用もないんだけど、明日は練習試合組んじゃったとか、組んでないんだけどね、こっちも嘘ついてね、やんなかったりしたこともありました。

―― それも金明植監督の就任で一変する

（1971年に）金（明植）さんが監督になってからは、友好ムードで試合ができるようになりました。

終了時刻になったら、金さんも主審に、おーい過ぎてる、過ぎてるって言ってくれたりしました。金さんが来てから朝高のプレーが変わりましたね。ラフなプレーがすごく減ったんです。そんなことすんじゃねーとか言ったんじゃないですか。金さんは中央大学も出てるしね。当時、朝鮮の人で日本の大学に行く人は滅多にいなかった。この人は今までの指導者とは違うなという感覚がしました。

どの学年でも、8番や10番を付けいてる選手が抜群に上手くなりましたね。スルーパスの出し方とか上手くてね。帝京のやつにも朝高の10番のような持ち方できるやついねえかなっていうようなこと言ったりしました。8番といえば、3人兄弟が3人とも8番をつけたんで、エイトマン3兄弟って言ってたこともあります。長男は僕のこともよく知っていて、あいつのやっている池袋の焼肉屋に何回か食べに行ったことがありますよ。とても人なつっこい子でね。

金さんの息子さん（金成洙。朝鮮大、蹴球団でも活躍した）も朝高でサッカーをして上手かったですよ。帝京によこせやって言ったことあります（笑）。

朝高と試合をすることでメンタリティーも鍛えられましたけど、技術的な面で朝高からまず学んだのはインサイドキックです。朝高の選手のほうが膝が柔らかいし、足首なんかもね、柔軟性があって、球扱いはしっかりしていました。

これは今でも北朝鮮や韓国の選手のほうが日本より上ですよ。膝が柔らかいとは重心も低くなる、膝が硬いと突っ立ち気味になるんです。

金さんの朝高は、その速くて正確なインサイドキックのショートパスを使って、パス・アンド・ゴーを繰り返してくる……そういう中にやっぱりチームを強くするヒントを得ていましたね。

見様見真似で、インサイドキックの練習を徹底してやりました。

僕は基本を大事にしたし、シンプルサッカーっていうことを早くから言ってきました。

静岡学園の井田（勝通）監督が、ブラジルサッカーっていって個人技を重視したけども、あれがブラジルサッカーだとは思わなかった。ブラジルだって、もう何十年も前から、ダイレクトでボールを扱うんですよ。抜く力があったって抜かないのがブラジルなんですよ。ボールコントロールが世界一うまくても。

――そうして習得されたのが帝京が誇るシンプルサッカーだった

シンプルサッカーは朝鮮高校の影響かって？　いやいや、朝高の上手い選手も、どちらかというと持つんですよ。特に帝京とやるときにはこけにしてやろうと思うから。だから、逆に朝高にはボールを持たせていいから、奪ったらワン・ツーでもって、その局面を打開しちゃえっていうふうに選手には言いました。朝高の選手には技術があるからボールを持ってもらって、それでなるべく抜かれないようにして、ボールを奪ったところでそこから早くしかけろって。

僕がわりに若いころからシンプルサッカーっていうのを全面に押し出したっていうのも、大人のチームともよく試合したりしたから。大人のチーム相手に個人技で1人、2人抜こうなんてしたら、蹴っ飛ばされて怪我させられる……パスが、1本、2本通せた、シュートまで打てた、これで上等、欲をかくんじゃねえっていうことなんです。

その強いチームのひとつが朝高だったのは確かです。巧くて強い朝高に勝つためのシンプルサッカーだった。だから、「影響」と言えば言えるけど、僕のなかでは違う。

例えば、帝京に負けたとしても、金さんは、帝京の戦術の分析なんか何も言わないですよ。帝京の選手にオープンからいいボールが出て、ヘディングでゴールを決められて、くそったれと思いながら、私と一緒にメシ食っていたと思うけどね。帝京の選手はこうやれば勝てるのに、帝京はこういうところが欠点だねぇなんて一言も言いません。

でも、一度だけ言ってくれたなぁ。帝京が1975（昭和50）年に全国選手権で初優勝するんですけど、その時、東京都の予選決勝で国学院久我山と西が丘で対戦したんです。

久我山は、3年生が2人ぐらいしかいなくて、2年生主体のチームだったんです。だからまず帝京が勝つだろうと思われていたのが、始まって3分ぐらいでセットプレーかなんかで、よもやのシュート食らっちゃって点を取られちゃう。そしたら帝京のやつらが焦っちゃって、朝高が帝京にやるように、ボールを持ち出すんですよ。それで点が取れなくて0対1でリードされて折り返す。

ハーフタイムに選手が帰って来る時に、スタンドから金さんが「古沼先生、持たねえほうがいいよ。ダイレクト、ダイレクト」って。

こっちも気づいていたことだけど、選手に「持つな」って指示を出しました。それで後半、試合やっている時も、西が丘はスタンドからフィールドが近いじゃないですか、だからもう盛んに「ダイレクト、ダイレクト」って言ってくれましたよね。

——金明植監督の存在は大きかった

僕は、他のスポーツから来たから、固定観念にとらわれないで、サッカーの練習方法でもどこの学校もやらないようなことを、どんどん採り入れました。

海外遠征だとか、筋トレとか、練習の量も含めて、社会人のチームでもあんまりやれなかったことを僕はあえてやらせていました。日本のサッカー界の中で、そんなことやった人、初めてじゃねぇかなあっていうのを5、6個はやっいてますよ。

その中にひとつに日本の指導者で、私くらい朝鮮高校と練習試合やった人もいないっていうのもありますね。

朝鮮の人がね、直接、私に言ったことあるんです。帝京は全国で何回か優勝しましたけど、朝鮮高校とよく練習試合やってたおかげじゃないの？って。

そういう時は、「そうだよ、隣りに朝鮮高校がいたのはラッキーだった」と答えます。全国レベルの強豪と練習試合をやろうとすれば、普通は交通費かけて、時間かけて行かなくちゃならないけど、朝高が隣りにいたんだから、いつでも全国レベルのテストマッチができたわけだから。

だけどそれが全国大会を勝ち抜けた唯一の原因じゃないからね、いいことでも悪いことでもね、原因というのは1つや2つじゃないんです。場合によっては、10も20もあるわけですよ。

だから今年のチームが優勝した原因は日々の練習が50パーセント、それから選手の質が20パーセント、それから怪我なく幸運な年だったというのが10パーセント、隣りに朝鮮高校がいて、

金明植が東京朝鮮高校で指導した最後のチーム。いまはなき校舎がグラウンドの脇に建ち、生徒が鈴なりになって観戦した（1986年）

よく朝鮮高校とやって、これが10パーセント、強いて言えば練習パターンやなんかを計画した監督の手腕というものも10パーセントやそこらあるかもしれない。そんないろんな原因があるんです。

ある年のインターハイ準決勝で、セットプレーから2点食らって水戸商に負けた。あれからセットプレーの練習をとにかくやった。それで今年のチームはヘディング強くなったとか、いろいろあります。

こういうふうに全国で勝つための要因はいくつもある。が、１９８０年代の帝京が強かったっていうのは、朝高に金さんがいたっていうことも、もちろんそのひとつ。おなじ朝高でも金さんが監督としていたかいなかったかは大きい。

——公式戦への道をサポートすべきではなかったか?

朝高は日本の公式戦には出られなかったけど、東京の高体連が年に1度交流の意味で、日本の高校生と朝鮮高校の試合をやらせようとなった時に、対戦相手に決まったのが国体の東京都選抜だったんですよ。一校ぐらいじゃ全然相手にならない、そのくらいの差があったんです。それが金さんが離れてしまったら、もう東京都選抜に４対０、５対０で朝高が負けちゃう……

そういう時代になっていきましたけどね。

春に静岡の清水で開かれるサッカーフェスティバル（清水サッカーフェスティバル）に朝高が参加できるように働きかけたこともありました（朝高は１９７５年の第２回から参加）。

朝高の高体連への加盟問題で総聯の人に相談されたりもしたんだけど、高体連や文部省にそういうことを言うのはね、私の力じゃ通用しないよって。だから、総聯そのものでアタックするといいんじゃないですかって。僕よりも、高体連の委員長とかに嘆願書やなんか出すのがいいんじゃないですかって、そういうアドバイスはよくしました。

例えば帝京が全国優勝した時、金さんなんかにも、祝賀会やなんかにも来てくれよって呼んだりします。そういう時に、そうだよなあ、朝高、出れねぇんだもんな、今年のチームなんか良かったからね、出ればベスト４や、そのくらいの実力は充分あるよなあというようなことは思いましたけどね。

近くで毎日、お互いに同じような時間帯に練習していて、朝鮮高校は大会に出られない、気の毒だよなと思うこともあるし、一方で、こんなチームと都内で予選やるなんてなると大変だろうなって。そういうことも現実的には思いますよ、それは。

ただ逆に、金さんにも私から直接、言ったことありますよ。東京に全国の朝鮮高校を集めて、中央大会っていうのをやっているんですけど、なんで、この大会に日本の強豪チームを呼ばねえの？　って。公式戦に出られる前に、日本のチームを呼んだらいいじゃないって。私のところに早く出してくれって頼むのは逆じゃねぇ？って。

で、そういうこともあって、イギョラ杯ってのができるんだけど、だからイギョラ杯の第1回目の時、私は日本の名だたるチームの監督に全部に声をかけました。

イギョラ杯はいまも続いていて、今年（2017年）は、矢板中央高の指導者として参加しました。うれしいもんですよ、こういうふうに呼んでもらえて、高いレベルでやりあえるのは。

そういうことで朝高とは、いまもよく試合しますけど、今は金さんとどっちが先にあの世に行くか競争だ（笑）。

（談）

第3章

日本の大学、朝鮮の蹴球団

性格に於いては対照的だが、お互いを認め合っていた金明植〈きむ・みょんしく〉と李東奎〈り・どんぎゅ〉は、高校卒業後、それぞれに日本の大学へ進学してサッカーをプレーする道を選んで行った。

1学年上の東奎はアルバイトで生計を立てながら、サッカー部と学生委員長の活動も両立させ、さらにこつこつと上野高校の定時制に通って日本の大学の受験資格を獲得した。東奎が目指したのは超難関の旧国立一期校、東京教育大学（現・筑波大学）だった。日本の学校と朝鮮人学校の授業のカリキュラムが今以上に異なっていた時代である。歴史も地理ももちろん国語も全くの独学で勉強をし直す必要があった。それだけでも大きなハンディであるが、国立であれば入試科目が5教科8科目と多く、さらに東京教育大は教師を志す者にとっては最高峰の学位であり、日本全国の優秀な学生たちとの受験競争に打ち勝たねばならなかった。

それでも東奎はこの難行をやり遂げた。寝る間を惜しんでの猛勉強が功を奏し、ついに合格の報せを受け取ったのである。入学と同時にサッカー部に入部届けを出した。受け入れた教育大の上級生たちもこの快挙には驚いていた。

4年生でマネージャーを務めていた森岡理右〈もりおか・りう〉（卒業後に東京タイムズ社、ベースボール・マガジン社で記者、退社後筑波大学サッカー部部長）は東奎を見つけると駆け寄った。

「日本の学校に通った学生でも難しくて浪人するのに、お前よく現役で入試に通ったな」

森岡の立場からすれば才能のある高校サッカーの選手を見つけては教育大に勧誘することが仕事でもあるのだが、「天は二物を与えず」の言葉通りプレーは凄くても入学に必要な学力が足らず、他大学に行かれてしまうケースが往々にしてあった。2年前の東京都代表である朝高の中心選手だった李東奎の迫力あるプレーは当然知っていて高く評価もしていたが、よもや一般入試を突破して入学してくるとは予想だにしていなかったのだ。

「8科目あったが、どの科目が難しかった？」

「日本の古典、漢文を覚えるのが大変でした」、朝鮮高校ではカリキュラムに無い科目である。

「そりゃあそうだな。あれは日本人でも難しいんだぞ。それにしてもよくがんばったな」

苦学生でありながら、人一倍の努力をした賜物だった。普段は物静かで知性を感じさせる東奎だが、スパイクを履いてピッチに立つと豹変した。誰よりも走り、技術も運動量も他を圧していた。入学早々、1年生ながら関東1部リーグの名門校のレギュラー入りを即座に果たした。

森岡は当時の東奎のプレーをこう回想している。

「ポジションは今でいうボランチだったんだが、入部してくるなりそのテクニックはすでに上級生を圧倒していて、他の選手よりも頭一つどころか、頭二つ抜けていた。運動量もスピードも両方あって、献身的なハードワークも厭わない。今の選手のタイプで言えば、ポジションは違うが、日本代表の長友佑都〈ながとも・ゆうと〉だろうか」

レギュラーに抜擢されると、第5回全国大学サッカー選手権大会の優勝に大きく貢献する。決勝は、メルボルン、東京、メキシコとオリンピックに3大会連続で出場する八重樫茂生〈やえがし・しげお〉を筆頭に杉本、轡田、伊藤といった豪華メンバーを擁する早稲田大学であったが、2対1で勝利した。サッカー部内では東奎はもはや別格という評価を勝ち得ていた。東奎は大学生になっても仕送りをあてにしなかった。教育大学の学生には将来、教員になった際に返還するということで育成奨学金が毎月2000円付与されていたのだが、その対象は日本人学生に限られていた。森岡をはじめとするサッカー部の先輩たちが何度も学生課に掛け合ってくれたが、埒が明かなかった。東京朝高の住み込みの舎監をしながら、家庭教師や肉体労働のアルバイトに明け暮れていた。授業と練習以外に、休むことのできないハードなアルバイトの毎日、それでも一度グランドに出れば誰にも真似の出来ないプレーを連発した。日本人チームメイトの人望は自然と集まった。

「順天高卒」のナゾ

一方、明植は1年遅れて中央大学に入学した。枝川、第二《チェイー》の恩師である柳海応の紹介で会った柳の母校中央大の小野卓爾〈おの・たくじ〉監督に見込まれたのである。

中央大学サッカー部は、1927（昭和2）年に創部するもしばらくは苦戦続きだったが、戦後すぐに朝鮮半島からの留学生を多く受け入れたことから一気に強豪校へと変貌をとげていた。

今回、明植の半生を辿る上で再取材したところ意外な事実が転がり出てきた。ここに「中央大学サッカー部80年史」という2008（平成20）年に同部OBの高橋清介〈たかはし・きよすけ〉らによって編さんされた部史がある。

同部は戦後の70年間に天皇杯に3度優勝（中央大クラブ含む）、全日本大学サッカー選手権は早大、筑波大につぐ8回の優勝を数えるなど、関東屈指の名門校となった。

卒業生には、日韓ワールドカップ誘致に命を賭けた長沼健〈ながぬま・けん〉を始め、元日本代表の金田喜稔〈かねだ・のぶとし〉、元浦和レッズの福田正博〈ふくだ・まさひろ〉、川崎フロンターレの中村憲剛〈なかむら・けんご〉、現日本代表の永木亮太〈ながき・りょうた〉など錚々たる選手を生み出している。そんな中央大サッカー部の歴史に、金明植の名も刻まれているのだが、なぜか出身校の欄には東京朝校ではなく、順天高と記載されているのだ。順天高？　しかも、同じく東京朝高から中央大学に入った同期の権重撞〈くぉん・じゅんどん〉、枝川の幼なじみ卞鐘律〈ぴょん・じょんゆる〉も、同じく「（出身校）順天高」とある。

この謎を解くには、少々骨が折れる。

明植も、「中央大に入って、新入生名簿を渡されるわけ。そこに「順天」と書いてある。なんだそれ、と思いながら『東京朝高から来ました金明植です！』と自己紹介していた」と回想する。同時に「そういや、東京朝高のグラウンドに『順天高校』という看板があったなぁと大学に入って思い出した」ともいう。

この順天高は、いまも北区王子本町に存在する順天学園が運営する順天中学・高等学校の

[在籍者名簿]　昭和36年卒業　（※印　物故者）

氏名(旧氏名)	出身校	役職
岡本　操	藤枝東高	主将
井上　博視	修道高	副主将
阿久津　匡行	水戸農高	
池田　虎雄※	宇都宮工高	主務
伊藤　彰雄	国泰寺高	
江田　由衛※	秩父高	
小林　晃博	松山北高	
河本　浩	浦和西高	
川村　征一郎※	観音寺高	
金　明植	順天高	
権　重撞※	順天高	
清水　幸弥	浦和西高	
鈴木　晃造※	浜松西高	
須田　寿彦※	長生高	
助川　博	日立一高	
立川　収	熱田高	
高橋　清介	教大付高	
豊巻　徳也※	八戸高	
二宮　正昌	松山北高	
西村　純哉	熱田高	
南野　康二	明治学院高	
廣瀬　和男※	函館東高	
卞　鐘律※	順天高	
村瀬　勝久	熱田高	

金明植をはじめ3名の出身校が「順天高」と記載された『中央大学サッカー部80年史』

ことだ（順天堂大学とは別法人）。東京朝高が自主運営か都立かで揺れていた当時、運営母体であった朝連の元幹部が、文部省（現文科省）の「一条校」である順天に協力を仰ぎ東京朝高に付設したというのだ。なぜなら、朝連の元幹部らは都立高校化を快く思っておらず、東京都側も暫定的な措置だと明言していたため、いずれの日か「独立」しなければならない。その時、「一条校」から外される可能性は高く、仮に一条校でなくなった場合、当時の受験制度では、東京朝高から国公私立を問わず受験資格が与えられなくなる。

それを懸念して、校舎も教員も朝鮮（人）高校のまま、内申書のみ「順天高卒」として受験校へ送付していた――この推測を裏付ける資料が、順天高校に残されている。『順天百六十年史』と題した箱入りの立派な校史（渡辺孝蔵編）だ。

神田神保町にあった校舎を、米軍の空襲によって焼失した順天学園（当時は旧制中学校の男子校）は、大正時代からアジアの留学生を多く受け入れていた。その代表が孫文とともに辛亥革命をなしとげる宋教仁〈そん・じゃおれん〉だ。宋は順天中学に学び、その後に法政大学などを経て、１９１０（明治43）年に帰国した革命家で、順天にはこういった人物を受け入れる校風があった。

しかし、前述の空襲で焼け出されて以降は、苦難の道を歩む。理事長が何度も交代し、葛飾区青砥に青空校舎を開きながら神保町への「帰還」を夢見たが、財政逼迫から神保町の元校庭を売却。1953（昭和28）年になると、北区王子で英語学校を経営していた渡辺酉蔵〈わたなべ・とりぞう〉が救済にのりだし、木造2階建ての英語学校の校舎を併用する形で新制高校の順天高校として再出発したものの、敷地面積が小さく、教室もわずかに5室しかなかったため、受け入れられる生徒数が激減し、さらに苦境に立たされる。

その後、渡辺は埼玉県桶川や都内世田谷区に新校舎の建設用地を求めたがことごとく不成立に終わる。

そんな混乱期を描く校史に、こんな記述がある。

「そして遂に、昭和三十二年（一九五七年）一月に順天学園事務所を桶川校舎から北区上十条二丁目に移転し、そこを仮事務所とし（後略）」

北区上十条二丁目は、東京朝高が存在する北区十条台二丁目とまさに道一本をはさんだエリアだ。しかも、1957（昭和32）年1月は金明植が東京朝高を卒業する直前。さらには、事務所の移転となれば最低でも数カ月前から準備していたと考えるのが自然だ。

順天学園校史編纂室でも「住所の変遷は分かるが、そうなった経緯の背景まではすでに不明」（同校図書室職員）というが、過去の歴史から敷衍《ふえん》するに、都立高校でなくなったことで日本の大学への進学が閉ざされかねない状況にあった東京朝高に、なんらかの手をさしのべたと考えても不自然ではないだろう。順天側も生徒数が往時の1割程度まで激減し、お互いに苦しかったのだ。

その後、順天学園は、1962（昭和37）年に敷地を拡張し現在地に新校舎を建て、「同時通訳の神様」としても知られる国弘正雄〈くにひろ・まさお〉を講師に迎える。退任後も卒業式に来賓として顔を出したという、生粋のリベラリストであった国弘が教鞭《きょうべん》をとっていた校風だけに、これらは「妄想」とは言い切れないのではないだろうか。

残念ながら、すでに関係者の証言は得られないが、事実であれば当時の朝連がいかに力があったか、そして日本の学校との距離の近さを垣間見るエピソードである。

特別扱いされた「リス」

順天高との経緯はどうあれ、金明植は中央大学経済学部に入学し、そして実力を一気に発揮し出した。高校の1年間、1954（昭和29）年の「栄光」を除いて、在日コリアンの社会人大会などに「隠れて」出場せざるを得なかった足枷から解き放たれたのだ。

日本の高校から来た同級生には想像できなかったであろうが、明植ら東京朝高トリオは公式戦を戦える喜びに溢れていた。

チームの勢いもあった。当時の中央大は新興勢力で、1947（昭和22）年に関東大学リーグへ再加盟した際は、3部リーグからのスタートだったが、その年に優勝し、1949（昭和24）年には2部でも優勝。トントン拍子で1部リーグへの昇格を果たしている。快進撃の要因は、戦後間もない時期に監督に就任した小野卓爾が、留学生を含めコリアンの優れた選手を積極的に入部させていたことがあげられる。

中央大が1部へ昇格する過程では、多い時は先発イレブンのうち10人が朝鮮・韓国系選手であった。このことは、前述の「中央大学サッカー部80年史」にも「1部昇格の原動力となった韓国・朝鮮留学生の活躍」との見出しで、記述されている。

明植のテクニックは、入学前から注目されていた。同期で、日立一高では後にメキシコ五輪銅メダリストとなる宮本征勝の同僚だった助川博〈すけがわ・ひろし〉は、60年以上も前のこと

中央大サッカー部の礎を築いた小野卓爾（中央）を囲む金明植（右）と柳海応

を鮮明に覚えている。

「抜群にうまかった。トラップも正確だったし、ディフェンダーをかわして、シュートまでがとにかく速くてねぇ、イメージができているんだろうなあ……」

特に、シュート精度には舌を巻いた。

「釜本邦茂〈かまもと・くにしげ〉みたいなズドーンていうシュートじゃなくて、ふわっと浮かしてキーパーの頭を越すとか、優雅なそういうシュートが印象に残ってる。ゴール前でも落ち着いていて、ドリブルでキーパーまで抜いちゃうこともあったしね」

当時の中央大は神田駿河台にキャンパスがあり、練習グラウンドは練馬にあった。戦国武将、加藤清正の「我に勝ち、味方に勝ち、敵に勝つ」をモットーとする小野卓彌監督の練習は、基本プレーの反復練習が多かったと明植は語る。

ディフェンダーだった助川も、ボールホルダーへのタックルをして立ち上がり、またタックル、という練習をひたすら繰り返したことが強く記憶にある。

人生で初めての「日本の学校」に通う明植だったが、本名で通した。そのことについて、助川は「変なこだわりとかそういうのはまったくなかった。他のメンバーもそうだった」とふり返る。朝鮮人だからと差別されることもなく、むしろその技術の高さに、同期のみならず先輩たちからも一目置かれる存在だったという。

当時、大学の体育会活動において、上下関係は非常に厳しかった。しかし、明植は本来、最下級生として一番最後になるはずの練習後の入浴も、特別扱いで4年生と一緒に最初に入ることも少なくなかった。たき木で沸かしていた交代の風呂当番も免除された。

枝川まで帰宅するのに時間がかかるから配慮されたという点もあっただろうが、2年生や3年生にすれば面白くない。明植が帰るといろいろ難癖《なんくせ》をつけられた助川らが合宿所の廊下に正座で説教を受けることもあった。そうしたことを明植は今でも申し訳なさそうに振り返るが、助川によると、同級生は誰も恨んだりしなかったという。「それはね、彼はいろいろ気を使ってくれたから」

ある時は大量のホルモンを明植が持ってきてくれた。動物性タンパク質が貴重な時代である。サッカー部が使っていた合宿所の2階で焼いていると同じ合宿所の1階にいたラグビー部の連中も匂いを嗅ぎつけてやってきた。

「あれは美味かった。タレも絶品だったねぇ……」

明植が入部後、すぐに中央大は大きな結果を出す。

広島で開催された天皇杯で優勝したのだ。今では元日の恒例行事となっているが、当時の天皇杯は5月ごろに各地域持ち回りで開催されていた。決勝で地元の東洋工業（現サンフレッチェ広島）を逆転の2対1で破っての初制覇であった。

この時のチームはOBを含めた「中央大クラブ」で、韓国人留学生の李錫儀〈り・そぎ〉がハーフバックとして出場している。李は韓国代表にも選ばれた名選手で、練馬の中央大グラウンドにもたまに顔を見せていた。総聯系の東京朝高出身の明植と立場は違うが、同じコリアンとして「負けないように頑張れよ」とよく励ましてくれた。李のスパイクを明植が修理に出したりもした。

天皇杯を制したチームは、続いて関東大学1部リーグに戦いの場を移す。優勝を争ったが、最終的に早稲田、立教につぐ3位の成績だった。

この頃、すでにフォワードとして先発に定着していた明植は、同じ1年生フォワード、広島の国泰寺高校出身の伊藤彰雄〈いとう・あきお〉と息の合ったコンビを組んで暴れまわった。マスコミでも話題になり、東京新聞の松原明〈まつばら・あきら〉記者は「リスのようにすばしこく動き、カンも良い好選手」と評している。

この時の「リスのように」は、その後の明植の代名詞のようになる。リスは朝鮮語で「다《タ》람《ラム》쥐《チ》」だが、そうあだ名するサッカー関係者は今も少なくない。

インカレ初優勝

新人2トップの活躍もあり、中央大は年末から年始に開催される全国大学サッカー選手権（現・全日本大学サッカー選手権＝インカレ）を順調に勝ち進み決勝戦に進出する。東大・御殿下グラウンドで行われた決勝戦の相手は明治大学であった。

この試合、明植は先制点を決めている。前半3分、2年生の荻原宗雄〈はぎわら・むねお〉からのセンタリングをワン・トラップしてのクリーンシュートだった。松原記者曰く「このときの動きやフットワークは実に見事なもの」。そして前半29分、「相棒」の伊藤が追加点を決め、後半9分には明植のアシストで2年生の千田進〈ちだ・すすむ〉がダメ押しのゴールを入れる。

3対0と明大を圧倒しての悲願の初優勝だった。明植は骨身を惜しまず動きまわっての大活躍だった。

2年時の成績はふるわなかった。天皇杯は2回戦敗退、リーグ戦は4位。そして大学選手権は決勝で明治大にリベンジされ、準優勝に終わっている。

3年になり、天皇杯を中央大はOBを加えず、現役大学生だけで臨んだ。優勝すれば、この時すでに39回を数える天皇杯で初の快挙となる。中央大は1回戦、富山サッカークラブに13対0、2回戦の茗友クラブに4対1、準決勝は全立教に3対0と勝ち進んだ。

決勝の相手は前年優勝の関学クラブである。フォワードには李昌碩〈り・ちゃんそく〉がいた。このころの大学サッカー界で明植と李は、西（関学）の李、東（中央大）の金とその卓越したテクニックを並び称される存在になっていた。

試合は前半、当たりの鋭い中央大が押し気味で試合を進め、関学クラブの得意とする細かいパスワークを封じる。中央大は両ウイングにボールを集め、何度もゴールをおびやかした。

前半40分、4年の矢浦晃二〈やうら・こうじ〉がディフェンダー2人を抜き、フリーの状態の明植にボールが渡ってくる。しかし、中央大が誇るリスはシュートを左に外してしまう。「もしこれが決まっていたら勝敗はどうなったかわからない」と新聞にも書かれた決定的チャンスだった。

大学選手権で初優勝した中央大イレブン。左端が金明植（東大御殿下グラウンドにて）

試合は後半、関学クラブは李にボールを集め、徐々にペースを取り戻す。そして後半22分、李のアシストで得点。2連覇、7度目の優勝を果たした。

大事なところで外したことを先輩などに叱責《しっせき》され、明植はこの試合の後、初めてのスランプに陥る。練習にも身が入らなくなり、サッカーを辞めようとまで思い至った。

秋のリーグ戦は3位、冬の大学選手権では2年ぶりに優勝しているが、明植は試合に出ないことさえあった。

そして、4年。最上級生になった明植は心機一転、それまでの自宅通学を止めて合宿所にも入り、サッカーへの情熱を取り戻していく。

天皇杯こそ予選で不覚を取ってしまうが、リーグ戦は準優勝。大学選手権では見事優勝を果たす。決勝で法政大を3対0で破る。明植は2アシストの活躍だった。この時の法政大のセンターフォワードは、高校時代、仙台育英の選手として明植の東京朝高と戦い、宿舎に訪ねて来てくれた大原(姜昌充〈かん・ちゃんちゅん〉)である。

「チュックダン」の結成

中央大での活躍と並行して、明植は在日コリアンのサッカー界でも重要な地位を占めるようになっていった。中央大に入学して間もない6月に、総聯と民団の壁を乗り越えて結成された在日全コリアン選抜のメンバーに選ばれ、日本の全関東選抜との試合に招集されたのである。現在の東京ドームの場所にあった後楽園競輪場で行われた、この試合において明植はセンターフォワードとしていきなり先発に抜擢されている。後半はベンチに下がったものの大学1年にしてすでに在日サッカー界の新しいエースになろうとしていた。

試合は2対4で全関東に破れた。全関東にはメキシコ五輪代表チームのキャプテンとなる早大の八重樫茂生（中央大から編入）、後に朝日新聞に入社しニュースステーションなどのサッカー解説でも活躍する轡田隆史〈くつわだ・たかし〉、東京朝高が全国選手権準決勝でやられた浦和の志賀広、中央大の鎌田光夫〈かまた・みつお〉などが顔を揃えていた。対して全コリアンのメンバーとしては、東京教育大で活躍していた李東奎、「関学の李」李昌碩、関西大学の朴聖範〈ぱく・じょんぼむ〉、関西大学OBの成文慶〈そん・むんぎょん〉、法政大の姜昌充などがいた。

やがてこのときのメンバーが中心となって「在日朝鮮蹴球《チュック》団《ダン》」が結成されていく。

きっかけは1960（昭和35）年9月に新潟で行われたオール新潟対東西在朝鮮人選抜の

試合である。北朝鮮への「帰国船」がこのとき、新潟港に入って来ており、それを見送りに集まった同胞の前での親善試合ではあったが、朝鮮人選抜は明植や李昌碩をはじめとする一線級が揃っており、6対0の一方的なスコアでオール新潟を下す。試合を見ていた帰国船の団長金珠栄〈きむ・じゅよん〉が「これを機会に恒常的な選抜チームを作って日本全国を回って同胞に矜持を与えたらどうか」と提案、即座に在日コリアンのスポーツ関係者も賛同し、結成の運びとなったのである。

　何より、喜んだのは選手たちであった。関東も関西も大学1部リーグの主力選手の多くは在日コリアンが占めていた。しかし、彼らには卒業後に日本の実業団チームに入るという道が閉ざされていた。就職差別は厳しく、いくら優秀で日本の大学を卒業しても在日コリアンに門戸を広げようという企業は皆無であった。大企業ほど就職差別が厳しいという時代でもあった。20代というアスリートにとっての円熟期を迎えながら、サッカーがもう出来ない。そんな苦境から解放されるのである。結成は1961（昭和36）年、くしくも明植がちょうど大学を卒業した年であった。

　自身、大学4年間、ストライカーとして君臨し、その名を全国に轟かせるが、朝鮮籍の学生を受け入れる企業はなかったし、また明植も日本の会社に入る気持ちはなかった。神奈川中級学校で教師をしながら、在日朝鮮蹴球団の創立メンバーとなった。

関学の李、中大の金、関大の成……、各大学のエース級が揃った蹴球団は、結成と同時に猛威を振るった。最初の西日本遠征では日本鋼管、日本軽金属、名古屋相互銀行、京都実業団選抜など、13日間で7試合が組まれたが、その全てに勝利した。明植もまたこれら日本リーグの強豪チームと渡り合ってはゴールを決めていった。

翌1962年は蹴球団の存在を知った同胞の新卒選手が加わり、さらにチームに厚みが出てきた。フォーメーションは4―2―4で明植は中盤の右サイドでゲームを作る役割を担った。

中大が誇ったリスは抜群のキープ力を持ち、囲まれても細かいステップワークで3人くらいはやすやすと抜いてしまう。味方が駆け上がる時間を稼ぐとパスを供給し、ときには自らシュートを放ってゴールを決めた。選手は皆、総聯系の企業に籍を置いて給料をもらいながら、十条の東京朝高グラウンドで練習を行った。いわば当時の日本で唯一存在したプロだった。マッチメークについては北は北海道から南は九州にかけて、ほぼ全都道府県で試合を組んだ。日本代表が所属するトップチームですら凌駕した蹴球団である。地方では圧倒的な大

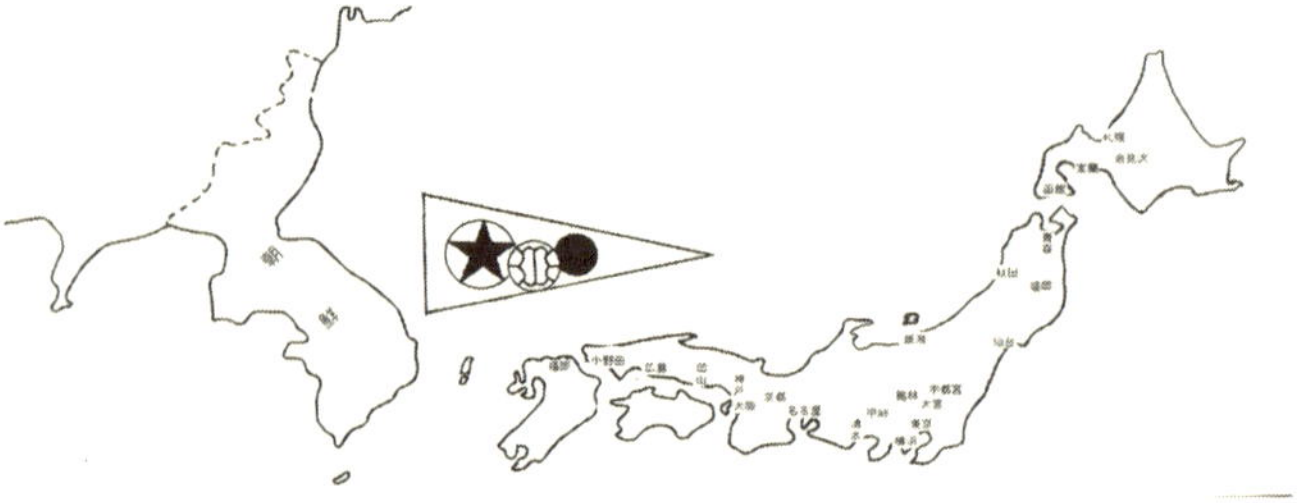

在日朝鮮蹴球団東北・北海道・西日本遠征試合成績表

月 日	開催地	試合場所	相手団体	成績	勝敗
6/1	山梨県	甲府市	全山梨選抜	8~0	勝
6/4	群馬県	舘林市	郡馬代表	12~0	〃
6/5	栃木県	栃木市	日立製作	9~0	〃
6/9	宮城県	仙台市	全宮城	8~0	〃
6/10	岩手県	盛岡〃	ゼブラークラブ	8~2	〃
6/13	秋田県	秋田〃	全秋田	8~0	〃
6/15	青森県	青森〃	全青森	9~0	〃
6/17	北海道	札幌〃	北海GFB	9~0	〃
6/18	北海道	岩見沢〃	住友紋別	14~0	〃
6/20	北海道	室蘭〃	全室蘭	3~0	〃
6/22	北海道	函館〃	市役所チーム	6~0	〃
7/15	埼玉県	大宮〃	全埼玉	4~3	〃
7/22	広島県	広島〃	全広島	6~1	〃
7/23	山口県	小野田〃	山口教員団代表	14~0	〃
7/25	福岡県	福岡市	八幡製鉄	2~0	〃
7/27	岡山県	岡山市	全岡山	16~0	〃
7/30	京都府	京都市	全京都	6~2	〃
8/1	兵庫県	神戸市	兵庫実業団連合	4~0	〃
8/4	愛知県	名古屋市	全愛知	2~0	〃
8/5	静岡県	清水市	清水クラブ	7~2	〃
8/7	神奈川県	横浜市	全神奈川選抜	8~0	〃
8/10	東京都	東京都	新三菱重工	1~0	〃
8 19	大阪府	大阪市	大阪サツカークラブ		?

在日朝鮮蹴球団は、設立2年目の1962年に20都道府県を遠征した

『1962在日朝鮮蹴球団遠征記録』(在日朝鮮蹴球団)より

무적의 우리 선수단이 왔다　38°의 더위에도 불구하고 많은 동포들의 아낌없는 성원을　보내고 있다

酷暑の試合にも多くの在日コリアンが観戦に訪れた(写真上)。各地で日朝親善のため試合を行い、日本人チームとの交流を深めた

吹奏楽で在日朝鮮蹴球団を歓迎する日本の高校生たち（1962年、室蘭市営野球場）

『1962在日朝鮮蹴球団遠征記録』（在日朝鮮蹴球団）より

全神奈川選抜との一戦。ゴールを奪い喜ぶ金明植（写真上）。8対0で圧勝した（1962年、三ツ沢公園球技場）

差で勝利を収めた。2年目もまた無敵であった。

蹴球団は以降も常勝チームとして日本全国を転戦し、苦しい生活に悩む各地の同胞を励ます大きな役割を果たしていった。全選手が外国籍ということで日本サッカー協会においては準加盟という立場であり、公式戦には出場できなかったが、その強さは世代交代を経ながらも1980年代に至るまで日本のチームを相手に9割6分の勝率を誇り、幻の日本最強チームと言われた。

「帰国」をめぐる命運

一方、蹴球団の創設を待たずに去っていった名選手もいた。

1959（昭和34）年12月より在日コリアンにとって運命を決するような一大事業、北朝鮮への帰還（帰国）運動が始まっていたのである。在日のほぼ90パーセントが朝鮮半島の南の出身であり、北部には親戚も知り合いもいない。にも関わらず、まだ見たこともない北朝鮮へ最終的には9万3340人もの人々が移住していった。北朝鮮政府、日本政府、赤十字が推し進めたこの永住帰国運動は当初、差別の厳しい日本から、生活保障のある「地上の楽園」へ移住する人道的事業として日本及び在日社会では捉えられていたが、現実は必ずしもそうではなかった。

2014（平成26）年に国連が発表した「北朝鮮における人権報告書」（全文和訳は『国連北朝鮮人権報告書』としてころからから刊行されている）によると、「帰国者達を待っていた過酷な現実は単に彼らの生活条件もしくは（食糧）割当量だけではなかった。彼らは彼ら自身の生活を彼ら自身で決めることができなくなった。到着したその日から、どこに住むか、どこで働くか、何を食べるか、誰とどのように話すかを、彼らは命令として受けたのである」とある。

さらに、資本主義国家（日本）で育ったことを理由に、「帰国者への疑惑のため、ほとんどの人が厳しい監視下に置かれるようになり、成分（階級）制度の敵対（最下級）階層を与えられ、辺境に閉じ込められた」（同報告書）。「祖国」への期待が大きかっただけに、悲劇と言っていい。

1955（昭和30）年のデータに拠れば当時の在日コリアンの約70パーセントが失業中と記されている。東京朝高で1年先輩であった李東奎は東京教育大の4年生時、過労による結核で入院中であったにも関わらずチームの2部落ちの危機に駆けつけてこれを救い、同期の

在日朝鮮蹴球団の強さを伝える1978年5月19日の東京スポーツ（東スポ）

上田亮三郎〈うえだ・りょうざぶろう〉（後の大商大総監督）、後輩の今西和男〈いまにし・かずお〉（後のサンフレッチェ広島GM）、同じく後輩の坂田信久〈さかた・のぶひさ〉（後の東京ヴェルディ社長）などから絶大な信頼を得ていた。教育大はやがて筑波大へと変遷を遂げるが、サッカー部の100年の歴史をまとめた年史「茗溪サッカー百年」が1996（平成8）年に発刊されると、そこには太田鉄男〈おおた・てつお〉監督、瀬戸哲キャプテンの筆で2箇所に渡り「救世主」という表現で李東奎の名前が紹介されている。

しかし、文武両道に長け、なお且つ人望の厚かった東奎にしても日本での生活は厳しいものであった。しばらくは朝高で体育講師などをしていたが、北朝鮮へ帰国することを決意していた。彼の場合は学生委員長でもあり、愛国心も後押しした。出発前には枝川の家にまで明植に会いに来てくれた。そして1960（昭和35）年10月の船、あの新潟での試合の1カ月後の帰国船に乗り込んだ。東奎もまた旧満州の出身でありながら、ただの一人も縁者のいない平壌《ピョンヤン》へ旅立ったのであった。また蹴球団結成後もしばらくのプレーの後、帰国していった選手もいた。仙台育英出身で法政でプレーしていた大原兄弟こと姜昌充、姜博水〈かん・ぱくす〉の兄弟である。

実は明植自身も帰国を考えたことがあった。蹴球団でのプレーはもちろんやりがいもあり、誇りも感じていたが、将来のことを考えると不安もまた頭を過った。生活している枝川集落からも多くの同胞が帰国していた。有名なのは戦前からテノール歌手として一世を風靡《ふうび》していた永田絃次郎〈ながた・げんじろう〉こと金永吉〈きむ・よんぎる〉である。黒縁めがねをかけた永田を枝川の町でよく見かけていた。永田は1960（昭和35）年の第6次帰国船で日本人の妻と一緒に北に渡っていた。明植も北朝鮮に渡って新しい生活にかけてみようかという思いに囚われた。

しかし、これに大反対したのが、母親だった。

「お前がいなくなってしまっては、日本には女しか残らない。それでは家を継ぐ者がいなくなる。絶対にだめだ」

母が引きとめたのには理由があった。母の母（つまり明植の祖母）は、慶尚北道《キョンサンブクド》にいたころ、出産した子どもがすべて女子であった。儒教精神の強い民族ゆえに長男が産めないという理由で家を出されてしまったのである。その後、祖母は散々苦労をしながら母が15歳のときに共に日本に渡って来た。当時の記憶が言わせたのであろう、「日本に残って家督を継げ」という母の厳命に従って明植は帰国を断念した（その後、永田夫妻とも病死したという知らせが届いた）。

ワールドカップ8強との邂逅

決断すればあとはサッカーに集中するだけであった。蹴球団ではテクニックのあるチームメイトと戦術を追及することができた。学生時代、中央大を含む大学チームは、当時のイングランドを手本にした「キック・アンド・ラッシュ」が基本だった。ディフェンスは相手のボールを刈り取ると、一気に前線へ蹴りこみ、それをスピードのあるフォワードが相手ペナルティーエリアに持ち込んで、ゴールキーパーとの1対1を制するというのが典型的な得点パターンだった。

そこに、蹴球団は4—4—2といったシステムを導入し、日本チームを翻弄することになる。これは、フォワードもバックスもなく足技に長けた選手、すなわち「ボールを持てる」選手がいたから可能だったと言える。創立時から続く同胞愛というモチベーション、元々高かった技術に戦術が加わり、連勝は続いた。

八幡製鉄、新三菱重工、古河電工、早稲田大学……、日本屈指の名門チームを撃破し続けていた蹴球団であるが、完膚無きまでに叩きのめされた試合があった。それもホームとも言える朝鮮大学のグランドでである。相手は他でもない北朝鮮代表チームであった。日本と国交の無い本国の代表チームとのマッチメイクはこうである。

1964（昭和39）年、東京五輪が開催された。アジア初の五輪大会に出場すべく来日していた北朝鮮チームであったが、開会式の前日にボイコットをして帰国することが決まってしまった。経緯はやはり政治が絡んでいる。この前年、インドネシアが首都ジャカルタで国際オリンピック委員会（IOC）に対抗する意図でGANEFO（新興諸国競技大会）という大会を開催していた。インドネシアは自国で開いた1962（昭和37）年第4回アジア大会において台湾とイスラエルの選手にビザを発給しなかったので、それをIOCに咎められて五輪参加権を剥奪されており、これに対するスカルノ大統領の意趣返しの意味もあった。このGANEFO開催を問題視した国際陸上競技連盟は、同大会に出場していた陸上選手の五輪出場資格を取り消してしまう。

その中には北朝鮮が誇る女子スプリンターの辛金丹〈しん・ぐんたん〉もいた。辛金丹は当時の

400メートルの世界記録（51秒9）を持ち、400メートルと800メートルの大本命と目されていた。陸上選手が競技において不正なことをしたわけでもない、ただ他の国際大会に出場したことで参加を取り消されてしまうという理不尽な裁定に北朝鮮五輪委員会も抗議を重ねた。しかし、覆《くつがえ》ることは無く、それに対するボイコットということでサッカー代表チームも歩調を合わせて大会を前に帰国を決めたというわけであった。

代表チームから、せっかく来日をしたのだから、帰る前に滞在の世話をしてくれた在日のサッカー選手たちとの親善試合をしようという申し出があった。当然ながら相手をするのは在日朝鮮蹴球団である。願っても無い機会だった。日本国内では無敵とすら称されている自分たちの本当の実力は世界から見たらどうなのか。明植たちは勇んで朝鮮大学のピッチに飛び出した。日本の代表クラスとは学生時代から多く対戦しており、五分以上の戦いをして来た。相手が国家代表とは言え、かなりやれるのではないか。ところが、試合が始まると幻の日本最強チームは全く歯が立たなかった。相手は親善試合のつもりで決して激しい当たりではなかったが、ホイッスルが鳴った瞬間から怒涛のように攻め込まれ、次々にゴールを決められた。明植は唸《うな》った。

「そもそも選手のテクニックも凄いんだけど、まず身体が強くてびっくりした。ぶつかってもびくともしない。速いし上手いし、我々は何もさせてもらえなかった」

後半は相手が流してくれているのが分かったが、それでも0対8の完敗であった。

当時は知るよしも無いが、このときの北朝鮮チームは2年後のW杯イングランド大会でベスト8に入るメンバーで構成されていた。イギリスのメディアに「（蒸留酒の）ジンのような衝撃」だと絶賛されることになる朴承振〈ぱく・すんじん〉、強豪イタリア相手にゴールを上げる朴斗翼〈ぱく・どぅいく〉、そしてキャプテン申英奎〈しん・よんぎゅ〉……。衝撃を受けると同時に明植はもっと話したい衝動に襲われた。どんな練習をしているのか、どんなものを食べているのか、試合の戦術はどうやって学んだのか、日々の生活はどうしているのか――。

チームは新潟から船で帰国するという。明植は夜行列車が出る上野駅に見送りに出かけた。ホームのベンチで話し込んだ。選手たちは皆、気さくで親切だった。夢中になって朝鮮語で会話を重ねた。北朝鮮選手団もこの人懐こく好奇心の強い若者に興味深々であった。ついに発車のベルが鳴った。名残惜しい。列車に乗り込んだ選手たちに向かって明植はホームから手を振った。「国に帰ってもどうぞ、元気で！」互いに別れを悲しんだ。ドアが閉まろうとした次の瞬間だった。明植がデッキに飛び乗っていた。選手たちから歓声が上がった。

「よく来た、よく来た」

「一緒に新潟まで行こうじゃないか。日本の話をもっと聞かせてくれ」

開放的で磊落《らいらく》な明植の面目躍如だった。突然の乱入者を選手たちは大歓迎して次から次に席にやって来た。

民族学校で朝鮮語は習ってはいたもののやはり本国の発音は難しく、聞き取りにくい単語もあったが、意思を聞き取りたい、伝えたい、という熱情は何物にも変えがたく、結局朝よで語り倒した。同じ朝鮮人であり、ましてやサッカーに情熱を捧げているもの同士である。

明植と朴斗翼は特に意気投合した。汽車賃は無かったが、新潟駅の改札を出るときはチームが紛れ込ませてくれた。明植は新潟港では北朝鮮の元山《ウォンサン》へ向かう船が見えなくなるまでずっと手を振っていた。さすがに今度は飛び乗らなかった。

中央学院での「教育」と引退

明植の性格はかように情に満ちて屈託の無いものであった。

しかし、朝鮮総聯の直轄下にあった蹴球団では、それが時折、和を乱す反体制派として受けとられた。組織を重んじる初代団長の李昌碩とは東と西のライバル意識も伴い何度も殴り合いの喧嘩にまで発展することもあった。蹴球団の後輩にあたる李清敬〈り・ちょんぎょん〉は両者を知るが「昌碩さんはリーダーシップと政治的な感覚が強い方で蹴球団の在り方を考えて全般をオーガナイズされた凄い人物です。一方で明植先生はやっぱりサッカーに関してチームや選手を育てるのには本当に誰にも負けないっていう人なんです」と話す。

民族愛の強い男に同胞を出し抜こうとか、自分が目立とうという気持ちがあるわけではない。ただ、サッカー選手なのに、いやおうなしにさせられる組織による思想〝学習〟や、試合後の〝総括〟にはまったく意味がないと思っていた。

「民族学校のサッカー部、在日朝鮮蹴球団はその出自からもいろいろなものを背負っているから、在日同胞のプライドのためにもがんばってプレーをしなくてはいけない。しかし、政治的な思想や国家主義と民族愛は違う。ましてやサッカーと関係のないことに時間を使って、それがコンディションに影響を及ぼすのは納得ができなかった」

1964（昭和39）年、キャプテンを務めた蹴球団での活躍が認められて、明植に金日成〈きむ・いるそん〉首相（当時）からスポーツマスターの称号が贈られることになった。称号自体は光栄に思ったが、その後はことあるごとに「スポーツマスターなのに」といらぬ圧力を受けた。明植は「俺は、個人的な賞のためにサッカーをやってるわけじゃない」とつい仲間に愚痴をこぼした。と、その発言がまたあっという間に総聯の上層部に報告された。

この時、明植は1年間の主体思想（北朝鮮および朝鮮労働党の政治思想）の通信教育受講を朝鮮総聯から命じられた。

１９６８（昭和43）年には、オール関西との試合で敗戦、それまで日本鋼管や名古屋相互銀行など名だたる日本リーグの強豪相手に重ねた連勝が57でストップした。日本のチームには絶対に負けることを許されない蹴球団のキャプテンとして責任をとらされることになった。幹部からは敗戦の理由を「民族愛と学習能力の欠如」とされ、「再教育のために」今度は、狛江市にあった朝鮮総聯の幹部養成機関である総聯中央学院に半年間入所させられることになった。

この施設は元は１９１３年に開業した玉翠園《ぎょくすいえん》という料亭で、戦時中、１９４３（昭和18）年12月に協和会に売却されていた。ここでいう「協和」とは「日中戦争・太平洋戦争下における在日朝鮮人『皇民』化の事業」であり、特高課の「内鮮係」が置かれて朝鮮人支配の拠点とされていた。日本が敗戦すると、変わって朝鮮人の権益擁護団体として成立した朝鮮人連盟がこれを接収し、総聯がそれを受け継いだのである。現在は建物は無く、多摩川べりにかすかに残った石垣と玉翠園跡を記す案内板がかろうじて往時を偲ばせるのみである。

中央学院での思想教育は苛烈であった。朝は6時に起床して体操、朝食後に9時からまず朝鮮労働党の歴史やマルクス・レーニン主義を学ぶ。「パルチザン回想記」が教本とされて何度も繰り返し暗唱させられた。午後は1時半ごろからまた違った講師から総聯の歴史などを5時までみっちりと学ぶ。夕食後は10人がひとつの班となって総括が始まる。今日という1日をどのように過ごしたのか、自身の反省を述べる自己批判と他者からの批判を受ける相互批判が繰り返される。

明植より8年ほど前に中央学院での合宿に参加し、後に総聯の財政副局長にまで上りつめた韓光熙〈はん・ぐぁんひ〉は自著「わが朝鮮総連の罪と罰」（文春文庫）の中でこの自己批判で始まる「総括」の様子をこのように描いている。

「教官同志は金日成将軍の『パルチザン回想記』を100回繰り返して読め、と言われましたが、自分はじつはまだ1度も最後まで読み通しておりません」

「それはじつに由々しき問題である。1日1巻ずつ読めば24日間で読み終わるというのに、なぜ読み通さなかった。理由を述べよ」

「1冊1冊内容を噛み締めながら精読しようとしますと、とても1日1巻読み終わることができないのです。時々、ここで金日成将軍はこう仰ったが、普通に考えればこれはこういう意味になるけれど、じつはもっと深遠な意味が含まれているのではないか、などとついつい考え込んでしまうのです」

「言い訳はするな！　教官同志が100回読めと言ったのであるから、内容を把握することより、まず100回繰り返して読むことが重要なのである（略）それなのにおまえは教官同志の指導に従おうとせず、浅薄な自己の考えを貫こうとしている。教官同志は中央学院創立以来、ここで金日成将軍の教示を教えていらっしゃるベテラン教官である。その大先輩の指導に耳を貸さぬとは何事だ。お前は自尊心が強すぎる。その尊大な精神を徹底的に自己批判せよ！」

思想改造のためにプライバシーを引き出して自我を糾弾する——いわゆるエリート幹部候

補生でもこの総括をやられると最後は泣き出してしまうという。明植は多くは語らないが、確かにサッカー選手にとって意味のある時間とは思えない。夜は22時半に消灯、風呂は銭湯、外出が許されるのは日曜日だけであった。この生活を5カ月続けると、次は社会実習として2人1組で地方に行き総聯の宣伝活動を行うことになっていた。明植は山口県の下関が担当となった。比較的裕福な同胞の一般家庭にホームステイをさせてもらい、食事をしながら政治情勢の話をして組織を宣伝するのである。しかし、これが苦痛で仕方がなかった。サッカーのスキルとは全く関係の無い会話である。途中からペアを組んだ後輩に任せてほとんど彼にしゃべってもらった。その代わり、近くに下関朝鮮初級学校があったのでそこでのサッカー指導は一手に引き受けた。明植は最後まで宣伝活動には身が入らず時間が空くとふらりとバスに乗って旧跡を回ったりした。

11月になってようやく中央学院から卒業ということになったが、ろくな練習ができず、座学の思想教育に半年を費やしたために膝はすっかり硬くなってしまった。入所している間に長男が生まれたが、その顔を見ることもできなかった。

「幹部はもういい……」

研修で空いた6カ月のブランクはいかんともしがたく、8年間在籍した蹴球団を引退。朝鮮大学サッカー部のコーチに異動した。

大学での指導は情熱を持てたが、また政治の風が吹いてきた。中国で起こった文化大革命の影響が北朝鮮、ひいては在日の明植の職場にまで及んできたのだ。日本の大学を卒業した学長や教授たちは、〝ブルジョア〟(資本階級)と批判され、年下の職員たちから盛んに糾弾されていた。教務課は深夜までずっと会議ばかりしていた。自分は何のために朝鮮大学へやってきたのか、これではわからない。

明植は訴えた。

「私はもう嫌だ。できない。ほかに行かせてくれ」

希望が聞き入れられ、次の赴任先として告げられたのが、母校である東京朝鮮高級学校(朝高)だった。

「喧嘩というよりカツアゲ」の時代

1971(昭和46)年、明植は14年ぶりに朝高に帰還する。しかし、その「前史」をひもとく必要がある。そこで、明植の大学時代と明植が監督として着任する以前の朝高サッカーの両方を実際に見ている人物、それもできればサッカーについて客観的に語れる日本人を探すと格好の人物がいた。高橋公平〈たかはし・こうへい〉という。

１９５０年代、高橋の両親は東大サッカー部の合宿所（現在の農学部の場所にグラウンドと寮があった）の舎監をしており、幼い頃から大学サッカーが家庭の日常の中にあった。当時、東大サッカー部は関東大学1部リーグに所属する強豪で、後に日本サッカー協会会長を務める岡野俊一郎〈おかの・しゅんいちろう〉がバリバリの現役としてチームに君臨し、指導者には戦後の初代日本代表監督を務めた竹腰重丸〈たけのこし・しげまる〉がいた。高橋は東大の試合を観戦するうちに他チームにも興味を重ねていった。小学5年生ごろ、御殿下のグランドで大学リーグを観ていたら、小さな身体ながら、卓抜したテクニックで次々に相手ＤＦを交わしていく中央大の選手に目を奪われた。言うまでもなく明植だった。

「判断力の速さと牛若丸のような瞬間的なクイックネス。あの頃のサッカーはパワーの時代で、ようはボールをいかに遠くへ蹴れるか、あるいはいかに強く相手に当たるかみたいなところがありました。そういうところでボールを持って抜いていける明植さんの技術は別格でした。在日の選手だと、当時は関学の李、中大の金というのは二大巨頭としてすごい選手でした。でも、2人のプレースタイルは違ったと思います。李さんは体がしっかりとして、今でいうとC・ロナウドですね。パワーがあってヘッドも強い、オールマイティー。明植さんは、あくまで技術。まさにメッシですよ。さっきも言ったようにあのころはパワーの時代ですから、まともにタックルを受けたら、いっぺんに吹っ飛びますから、それを避ける技術は素晴らしかったですね。まさに牛若丸でした。中央大の相手は早稲田の宮本征勝〈みやもと・まさかつ〉さんとかで彼は大学1年で日本代表にも選ばれるのですが、明植さんも国籍が日本なら1年から代表召集されても不思議ではなかったですよ」（高橋公平）

門前の小僧ではないが、高橋は帝京商工（のちの帝京高校）に1963（昭和38）年4月に入学すると同時にサッカー部に入部、すぐさまインナーのポジションを不動のものにしている。帝京はそれまで並木という新東宝の映画監督だった人物や日大に行ったOBなどが指導をしていたが、2年になると日大の体育学部から古沼貞雄〈こぬま・さだお〉が赴任してきて顧問になり3年目にはついに監督に就任した。

このときに記念すべき第1回の帝京対東京朝高校の試合（＝十条ダービー）が古沼の尽力に

よって行われている。それまでは両校の間でサッカー以前に喧嘩が絶えなかった。片や日大閥の雄で大和魂を標榜する柔道の達人、沖永荘兵衛〈おきなが・しょうべい〉理事長の帝京と、片や厳しい差別の中にあって抑圧する日本人に負けるなという教えを骨の髄まで沁み込ませた朝高、その二つがぶつからない方がおかしい。

　高橋が入学した年の１９６３（昭和38）年度は東十条、赤羽、新宿などの各駅で年間にして37件の大きな喧嘩が記録されている（「統一評論」１９７3年8号より）。小競り合いも含めれば十条商店街でも至るところでバトルがあったが、高橋は冷静にこう見ていた。

「喧嘩というよりはカツアゲですね。朝鮮学校というのが全国にも少ししかなくて、関東なんかは栃木や群馬の子たちが東京に来て寮生活をしていたわけです。彼らは貧しくて本当にお金がなかった。だから生きていくための活動ですよ。遊ぶカネほしさってのとは違う。悪いことだけど、彼らなりに理由はあったんだと思いますよ。うちの連中も悪いのがいたから、やられたらやり返してやってやろうと。だから喧嘩じゃなくて、カツアゲとそれに対抗する暴行事件。帝京のサッカー部も練習が終わって駅に向かうと朝高のわきを通っていきますから……。昼間は明るいからカツアゲされないんです。でも、夜は怖かった。彼らはカツアゲ

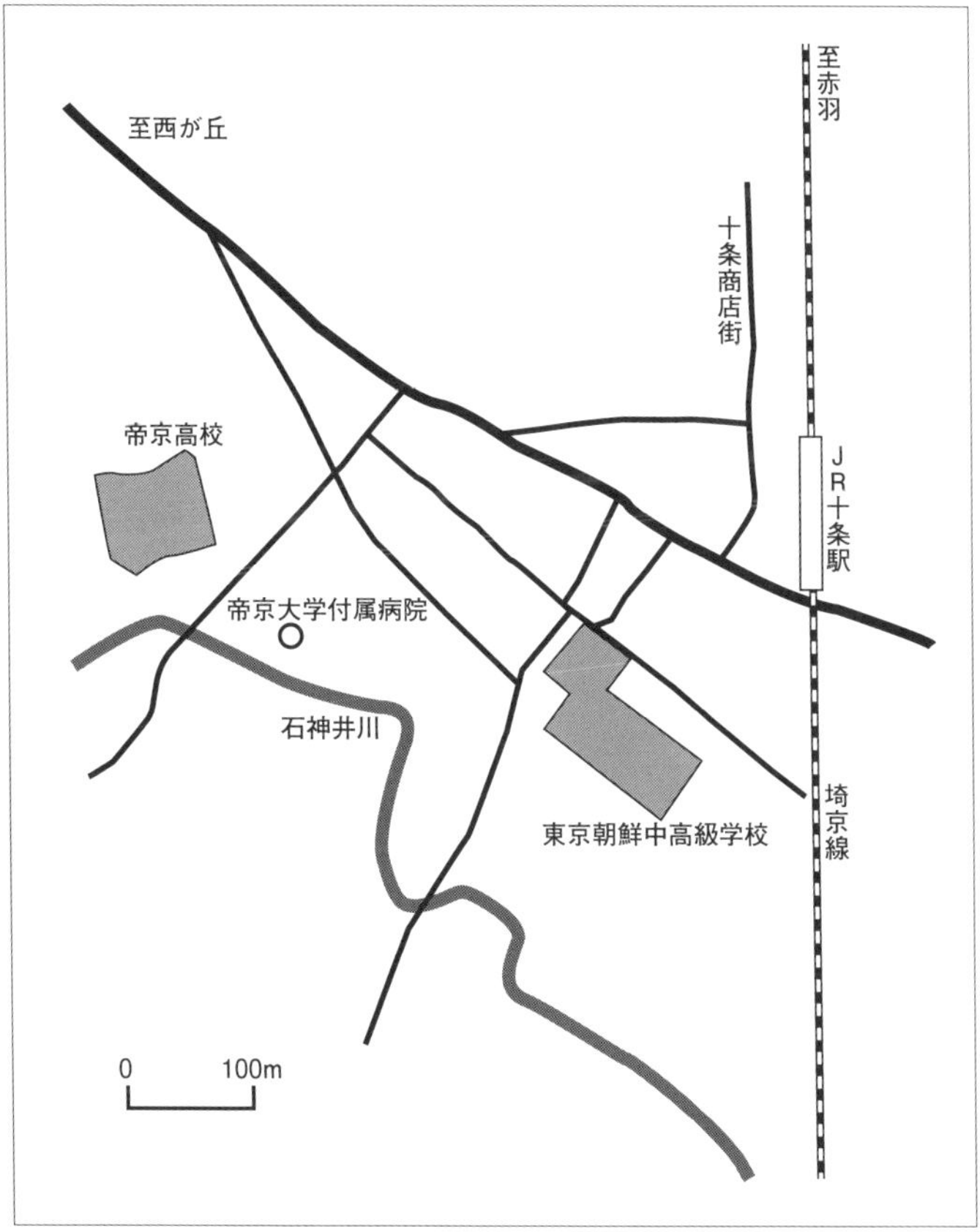

東京朝高と帝京高の位置関係

するために街灯を壊すので帝京から駅までの道がまっくらにされたこともあるんです。その時は、おっかなくって、パトカーを呼んで、駅まで送ってもらいましたよ。そのくらいカツアゲは生活のため。喧嘩じゃないんですよ」

東京朝高はサッカー部のキャプテンが自動的に番長になるというシステムが確立されていたという。高橋が1年のときに朝高の同じ学年の李という選手とひょんなことから仲良くなった。その李が3年になったらキャプテンになった。高橋と李が毎朝、十条駅から並んでサッカーの話をしながら登校すると自然と朝高の生徒から一目置かれるようになった。朝高の校章は3つのペンと3つのハンマーを打《ぶ》っ違《ちが》えたものでそれぞれに勤勉と勤労を表し、通称「3ペン」と呼ばれている。

働き者で勉強家、日本の歴史上の人物で言えば二宮尊徳のようなイメージを連想させるこの校章について東京朝高OBで現在日本テコンドー協会の会長を務める河明生〈かわ・めいせい〉が自身のブログでこう語る。

「朝高は校章が3つのペンなのであたかも進学校のようだが、現実はまったく違った。朝鮮学校の先生が言うには『トンムドゥル！　朝鮮民族の一員ならば、輝かしい未来が約束されている朝鮮青少年ならば、昔から朝鮮人を蔑視し、差別し続けてきた倭奴《ウェノム》（日本人の蔑称）の悪行を決して忘れてはなりません』と」

河明生は1963（昭和38）年生まれであるから、まさに高橋が帝京に入学した年に生まれたわけで差別も多少は緩和されていたが、それでも将来が見えない鬱屈と日本人との喧嘩に向かう心情を以下のように具体的に語っている。

「10歳か11歳の頃、学校から東急池上線千鳥町駅に向かって歩いていると、同級生が思い詰めた表情で「ミョンセン（朝鮮語読みの名）、俺達、将来、何になれるのかな？」と聞くんです。私は「焼肉屋かなぁ、それとも金貸しかなぁ、もしかするとパチンコ屋かも知れないぞっ。それから……」と絶句しました。それ以外の将来、朝鮮人がなれる職業が浮かばないんです。10歳で僅か3つしか将来の職業が浮かばないんですから悲しいですよね（笑）。だから勉強して一流大学に行こうとする意味がわかりませんでした。教師にも言われていましたね。「朝鮮人はいわれのない差別を受けている。東京大学を出てもろくな仕事にはつけないのでパチンコ屋で働いている。それならばいずれ統一された差別のない朝鮮に帰ろう！　朝鮮統一のため、朝鮮民族のため、一生を捧げよう」と。

その指導者こそが偉大な金日成だから命令を絶対視し、個人利己主義を捨て犠牲精神で祖国と民族のために一生を捧げろっ、と叩き込まれましたよ。こんな環境におかれていましたので、ケンカに強くなることしか道がありませんでした」

この3ペンが東京の不良高校生の間では大人気だった。

高橋は回顧する。

「朝高の卒業式が近づくと、そこに都内の悪い学校の奴らがみんな『学ランのボタンくださ い』って来るんですね。いわゆる3ペンの校章ですよね。恋してるとかじゃなくて(笑)、お守りなんですよ。『俺は朝高生に友達がいる』って、ほかの日本の高校生をビビらせる。そういうのはありましたね」

高橋に、それまで個人的にも朝鮮人への偏見はなかったのか? と問うと、あっさりと返された。「いえ、ありましたよ」、その上で続けた。

「あったけど、実際に接して親しくしてくれる人がいたから、朝鮮人だ、何人だじゃなくて、李さんだ、金さんだ、と人間として繋がれた。向こうもみんな僕らのことを日本人の野郎だ、ではなくて高橋として知ってくれているし。それに自分たち(帝京)もサッカーがうまくなりたいじゃないですか。朝高の選手はみんな上手いし、そこからリスペクトが生まれて偏見が解けていったと思うんです。今から思えば」

両校がぶつかり合っていた中でサッカーによる交流が始まった。だからと言って喧嘩（高橋によればカツアゲと報復）が無くなったわけではないが、互いに理解をするひとつの橋はかかった。

第1回十条ダービーの10番

高橋には記念すべき第1回の十条ダービーで強烈に印象に残った選手がいる。

3年生でキャプテンの金希鏡〈きむ・ひぎょん〉である。この年、毎週のように行われた日本の強豪高校との対外試合で朝高が48連勝したときのキャプテンである。前述したように小学生の頃から日本代表を多く輩出した関東大学1部リーグの試合をずっと見てきた高橋は選手に関しても目利きであった。上手いと評判の選手とあたってもさして感動は覚えなかった。「今はちやほやされてもこの程度なら、大学に行ったら通用しないだろう」と、将来性も踏まえて冷徹な評価を下していた。

そんな高橋の厳しい目に希鏡はまるでスーパーマンのように映った。すべてのプレーがハイレベルだった。

「サッカーの基礎がきちんとできていた。万能型の10番の選手で、帝京にはまったくいないタイプでした。まさにフランス代表のジダンでしたよ、強さと上手さ、ぜんぶ持っていた」

　高橋の記憶に拠れば朝高との記念すべき一戦は1対3で敗れている。完敗という結果以上に希鏡のプレーには度肝を抜かれた。そして朝高に対する感情はカツアゲをしてくる憎い喧嘩相手からリスペクトへと変わっていく。

　では「サッカーの基礎が出来ていて万能型のフォワード」はどんな半生でどんな育成システムの中で成長して来たのか。高橋が衝撃を受けてから54年が経過した２０１７（平成29）年4月、蹴球団で団長を務めた鄭智海〈ちょん・じへ〉のエスコートで、希鏡が暮らす都内の某タワーマンション内のラウンジで本人と向き合った。１９４５（昭和20）年生まれの72歳。数年前に脳梗塞を患い左半身を麻痺、車いすでの生活を余儀なくされているが、記憶と口調ははっきりと明解であった。

「私は13歳のときに済州島から密航船に乗って対馬を経由して東京にやって来たんです」

おどろくべきことに希鏡は艱難辛苦《かんなんしんく》、日本に来てからようやく本格的にサッカーを始めたという。済州島にいた頃は祖父と祖母によって育てられた。物心がつく前に両親は仕事を求めて日本に渡っていたのである。

希鏡が3歳のときには島民の4分の1が虐殺されるという大きな悲劇済州島四・三事件が起こり、生活は困窮した。苦しい暮らしの中で懸命に祖父と祖母は育ててくれた。脚は速かったので、中学に入学するとすぐさまサッカー部に入部した。しかし、監督は朝鮮戦争帰りの軍人で指導経験が無く、ボールを蹴る前から、勝手に体つきだけで選手選考をしてしまうような人物だった。グランドに整列させられると、いきなり「お前と、お前とお前だけ残れ。あとは帰れ」小柄な希鏡はろくにプレーも見てもらえずに1日でクビにされてしまった。

「そのうちにハラボジ(祖父)のところに日本にいる両親から連絡が来たんです。お金が出来た。渡航を請け負うブローカーに頼んだから、お前も船に乗って日本に来られるぞ、と」両親とようやく一緒に暮らせる。断る理由は何も無かった。

釜山に親戚がいたのでまず釜山に渡り、そこから密航船に乗り込んだ。船と言っても小さな漁船である。見つからないように真っ暗な夜の海を進んだ。5時間ほどで待ち合わせのポ

済州島から単身で逃れてきた金希鏡。東京朝高時代には48連勝を成し遂げた

イントに着いたが、手違いから、迎えの船が来ていなかった。手引きする人間がいなければ上陸することは出来ない。仕方なく、暗闇の中を引き返すことになった。希鏡の落胆は小さくなかった。数カ月が過ぎ、再びの挑戦。今度は上手くいった。迎えの船に先導されて対馬に接岸した。希鏡は手引きするブローカーの案内で島の同胞の炭焼き小屋に入り、一緒に船に乗って来た大人たちと休息を取った。ここから本土へ渡り、両親の暮らす東京へ向かう予定であった。日本側の手引き者は気を遣って食事を供給し、酒も少し振る舞った。ところが、安堵から小さな宴となり、この声が響いて島民に密告されてしまう。全員が警察に逮捕されて福岡に収監された。このままでは悪名高い長崎の大村収容所に送られてしまう。

大村は出入国管理庁の付属機関で強制送還を目的として建設されていた。歴史学者のテッサ・モーリス・スズキが言うところの「戦後日本で生まれた国家権力の広大なワイルドゾーン」であった。もうここまでかと、留置所で覚悟を決めかけたが、拘束されているところに身元引受人と名乗る人物が駆けつけてきてくれた。父であった。ブローカーが機転を利かせて連絡を取ってくれたのであった。希鏡が父の顔を見るのは初めてであった。正直、感慨は湧かなかったが、その父が様々な働きかけをしてくれたおかげで警察から出ることができた。13

歳の少年は極度の緊張を強いられていたが、ようやく両親が暮らす東京の新宿に移動し、生まれて初めて肉親と生活することができるようになった。

不滅の48連勝記録

日本の親族に総聯の支持者が多かったこともあり、希鏡は東京朝高に通うことになった。済州島育ちからすれば日本語は出来ないし、朝鮮語を国語として教える朝高への進学は学業の面でもアドバンテージがあるように思えた。しかし、実際に授業で教えられている言葉は島とは発音もアクセントも異なり、また学びなおすような日々であった。生活が落ち着きだすと、さて部活動は何をするかとなった。

「済州島にいたときのいやな体験からサッカーはもういいやと思っていたんです。だからクラスの隣の席にいた奴に誘われるままに吹奏楽部に入ったんです」

音楽室に行くと早々にトランペットを渡された。しかし、それを教えてくれる者がいなかった。口を当てて音を鳴らしても譜面は読めない。面白くなくてやめてしまった。一方、体育の時間になるとやることはひとつ、朝高の校技とも言えるサッカーである。ここで希鏡は抜群の走力と技術を見せた。

済州島では遊びでしかボールを触っていなかったが、それでも東京でプレーすると頭抜けていた。即座にスカウトされてサッカー部へ入った。練習を重ねるとポテンシャルが一気に開花して瞬く間にエースへと成長していった。そして3年になりキャプテンに就くと前述した通り日本の高校に対して48連勝という不滅の記録を打ち立てるのである。これらはすべて朝高の強さを聞きつけて挑んできた習志野や秋田商業、延岡といった全国選手権常連の強豪校から上げたものであることを考えるとその価値の高さは際立っている。希鏡は卒業後は朝鮮大学に進む、ここでも早稲田や慶応、関学といった名門大学チームを相手に連勝記録を更新し続ける。長じては在日朝鮮蹴球団に入団し、古河、日立、三菱、日本鋼管など日本リーグの雄を倒し続けた。高校時代から世代が上がるごとに全国一の時代を築いてきたと言えよう。

「そうですね。日本の学校と戦っても負ける気がしなかったです」

この言葉の持つ意味を深く考えざるをえない。1960年代は日本はプロ化こそしていなかったものの1964（昭和39）年の東京五輪、1968（昭和43）年のメキシコ五輪と国際大会を控え遮二無二サッカー協会が強化を図っていた時代である。

事実「日本サッカーの父」テッドマール・クラマーの指導により日本代表は東京五輪ではアルゼンチンを破り、メキシコでは銅メダルを獲得している。その主力選手たちを相手に希鏡は猛威を振るったのである。13歳で密航によって来日し、在日朝鮮人という境遇ゆえに公式戦には一切出場出来なかったが、紛れも無く日本でトップクラスの実力を発揮していた。2016（平成28）年のリオ五輪では、難民代表のチームが出場したが、東京朝高には希鏡の他にも似たような背景の選手は多数いたという。しかし、どれだけスーパーな選手でも当時は日本リーグのチームにも国家代表にも所属することができなかったために、不可視の状態に置かれていた。改めて在日サッカーのレベルの高さを認識すると同時に日本サッカーの強化に大きく寄与してくれたその存在は書き残しておく必要がある。

戦前から日本にいる一世の子孫として、あるいは戦後の朝鮮半島の混乱の中から政治亡命者、移民として渡ってきた韓国・朝鮮の人々には自然とサッカーが民族的競技として身についていたとも言えよう。定住する前はグラウンドどころかゴールもボールも無い環境でどのようにして彼らは技術を身につけたのか。

筆者はその問いをかつて平壌《ピョンヤン》で会った李東奎にぶつけた。東奎もまた1936（昭和11）

年に旧満州の朝鮮族として生まれ、その後、家族揃って日本へ移住。福岡を経て滋賀に居を構えるも親元を離れて東京朝高へ入学している。サッカーなどしている時間も空間も無かったはずなのに、全国選手権に出場し、東京教育大学ではエースとして他校を圧倒し続けた。帰国船で北朝鮮に渡った後はサッカー解説者として名を馳せていた。東奎は「私はチェギチャギが唯一のオモチャでしたからね。それを毎日飽きるほどやっていたのが、良かったんでしょうね」と応えた。

제기차기《チェギチャギ》とは朝鮮の伝統遊戯で、言わば羽根つきならぬ羽根蹴りである。小銭を紙で包み、羽根をつけたものを地面に落とさないように蹴り合うのだ。くるぶしや足の甲を使ったリフティング対決のようになり、自然と足首を固定した正しいキックの仕方が身についたと言うのである。

ベトナムにも「ダーカウ」という同じような遊びが大衆に広く根付いているが、少なくとも日本には無く、むしろ足でモノを動かそうとすると「足で何ですか!」と叱責《しっせき》を招くことが多い。

小さな因果関係かもしれないが、東京朝高の生徒たちが厳しい境遇の中でも個人技が発達していたことの要因のひとつとは言えようか。

岡野俊一郎の「酷評」

一方、東京朝高のチームとしての戦術、真の実力については、後に日本サッカー協会会長を務めることになる岡野俊一郎日本蹴球協会技術委員（当時）がサンケイスポーツ（1966年6月11日付）で、この様にコメントしいている。

「これまでみたところでは確かに強いと思う。その原因は小学校、中学校というように、小さい時からサッカーを学んでおり、ボール扱いが正確だからだろう。しかし、戦術的、技術的にはけっして新しいものはなく、むしろ古いくらいだ」

「親善試合で勝ったからといって強いとは断言できない」

当該記事のタイトルが「無敵の東京朝鮮中高級学校」「日本一もお手あげ」とあり、前年の12月には高校選手権千葉県代表の習志野高校を5対0で破っている。それだけに、このコメントは異彩を放つ。「個人技頼み」「練習試合だから」と酷評した岡野技術委員のコメントに当時の東京朝高サッカー部員は反発しなかったのだろうか？

高校サッカー
"日本一"もお手あげ

無敵の東京朝鮮中高級学校
名門校をバッタバッタ
公式大会でれば優勝確実

日本の高校サッカー界に〝旋風〟を巻き起こしている学校がある。名門明星高（大阪）でもなければ、新鋭習志野高（千葉）でもない。外国人学校の東京朝鮮中高級学校の高校サッカー部だ。「日本一の力をもっているでしょうネ」と関係者が自負するだけあって、同校と試合をやった日本の高校は、いずれもその強力なキックとヘディングの前に敗れ去っている。全国高校選手権の優勝校習志野を三回もつづけて負かしたその高校とはどんな学校なのか、そして選手たちは、どんな練習をしているのだろうか。

正確な技術

午後四時、東京・北区上十条の東京朝鮮中高級学校。授業を終えて家路についた女子学生の輪がパッと割れた。校門から勢いよく走り出てきたのはイガグリ頭、ドロのしみこんだシャツを着た三十五人の少年。この少年たちこそ、いま日本の高校サッカー界をゆさぶっている同校サッカー部の選手たちだ。

昨年十二月二十七日、全国高校選手権を前にした千葉県・習志野高のサッカー部が、この選手たちと試合をやった。〝腕だめし〟―そんな気持ちだった。ところが結果は5―0。手も足も出ず、首をうなだれて引きあげていった。その習志野が、ことし一月大阪で行なわれた全国高校大会では、名門中の名門といわれる大阪の明星高校と決勝を争い、優勝を分け合った。千葉に帰った習志野は〝雪辱〟とばかり一月十九日に、ふたたび戦いをいどんだ。だがこのときも1点を入れることができず3―0でうちのめされてしまった。

日本の高校一を破った朝鮮中高校のサッカー部は日本一ということになる。外国人学校のため、国内の公式大会には出場できないが、習志野高校の西堂就監督は「もし出ていたら九分どおり優勝だろう」という。

だから全国の高校からつぎつぎに手合わせを申し込んでくる。三月二十七日には、はるばると秋田県から名門秋田商高がやってきた。が、これもまた2―0でひねられてしまった。さいきんでは宮崎県の延岡高校から「ぜひ胸を貸してほしい。夏休みにでも九州まで足を運んでくれないだろうか」という申し入れがあった。いまや全国の高校が、同サッカー部の〝強さ〟を認めているわけだ。

彼らのゲームをみた日本蹴球協会技術委員、岡野俊一郎氏も「これまでみたところではたしかに強いと思う。その原因は小学校、中学校というように、小さい時からサッカーを学んでおり、ボール扱いが正確だからだろう。戦術的、技術的にはけっして新しいものはなく、むしろ古いくらいだ」という。しかし「親善試合で勝ったからといって強いと断言はできないと思う」と、この好成績を専門家の立ち場から批判している。

強さの秘密

この強さの秘密はどこにあるのだろうか―。北朝鮮がアジアのサッカー王国だから…という人もいる。なるほど北朝鮮は、この七月、ロンドンで行なわれる世界サッカー選手権に、アジア、アフリカ代表として出場する。伝統的にサッカーの盛んな南米、ヨーロッパ諸国でさえ、北朝鮮がひと波乱起こすのではないかと警戒しているほどだ。

同校サッカー部のキャプテンで、ライト・ウイングをがっちり守る金英成君（一八）もそんな祖国が自慢なようだ。

「祖国のサッカーが強いのだから…という気持ちは根強いですヨ。それと祖国へのあこがれですネ。こうした野心が青少年をサッカーに走らせるのではないでしょうか」という。

事実、東京・荒川の三河島や深川あたりにいくと、小学生たちが、あき地をさがしては無心にボールをけっている。サッカーが幼いからだにいちはやく宿ってしまうわけだ。深川にある東京朝鮮第二初中級学校の小学部三百人のうち四十人がサッカー部に所属しているが彼らのなかから厳選された生徒がこの高校サッカー部に集まってくるのだ。

ただ、彼らが日本の高校とはまるで違った指導を受けているかというと、けっしてそうではない。

生徒の自主性にまかす

「強いて異なった点といえば…」といって柳部長はこう説明した。

「たとえば、バレーの大松式のように、日本は根性をたたき込もうとする、しかしわれわれのは違う。生徒の自主性にまかせている。ひとことでいえば朝鮮式サッカーかナ。だいたい、朝鮮人はからだが小さく、足が短く、頭が強い。その特徴を生かしていくわけですヨ」

週に二時間の体育の時間があるが、この時間は一般的な体育しかやらない。したがってサッカーの練習は放課後、クラブ活動としてやるだけ。それもグラウンドがなく校庭を使っているから他のスポーツとのかねあいで火、木、土と三回しかやれない。一回の練習時間が約二時間。このため月、水、金はあさ七時ごろから授業がはじまるまで約一時間自由練習をやっている。放課後の練習も時間が短いからよほどうまくやらないと時間が不足する。そこで部長の指示によって部員が話し合い、計画表をつくり、それにしたがって練習するわけだが、コーチはついていても、いちいちこまかい指示はやらないという。どちらかというと生徒たちの自主性にまかせている。運動部の練習というと、かなりきびしい日本にくらべると対照的だ。習志野高の西堂監督も「練習のきびしさでは日本の高校のほうが上でしょう」とこれを認めている。

金英成世代の強さを伝えるサンケイスポーツ（1966年6月11日）。岡野俊一郎がコメントを寄せている。

貴重な証言者が、いまも東京朝高のすぐそばに住んでいる、1966（昭和41）年度のチームでキャプテンを務めた金英成〈きむ・よんそん〉だ。東京・三河島に生まれ、東京朝鮮中級学校でサッカーを始め、東京朝高ではサイドハーフとして活躍した。

あれから50年以上を経て、英成は岡野のコメントについて「まったく、その通り」とあっさり肯定した。

東京朝高サッカー部の黎明《れいめい》期を支えた金世炯監督が1963（昭和38）年に朝鮮大学へ異動となり、その後は実質的に監督不在の時代が続いた。また、前述の金希鏡の世代が突出して強かったことから、下級生が試合に出る機会を失い、レベルががくんと落ちた頃とも重なった。

それでも、英成が練習を仕切り、年間に一敗しか喫しておらず、相変わらずの強さを誇っていた。

であればこそ、岡野のコメントに憤《いきどお》っても不思議はない。さらに言えば、そもそも東京朝高が練習試合にしか出場できないのは文部省（当時）の責任である。

しかし、英成はあくまで冷静だ。

「確かに練習試合だから、というのは私たちも感じていた。朝高はその一戦ごとにすべてを掛けていたけれど、日本の高校はどうだったろうか？」

東京朝高がどのぐらいモチベーションが高かったか。こんなエピソードを紹介してくれた。

「当時の東京朝高は、日本各地を転戦する蹴球団に同行して、各地の強豪チームと前座試合を行っていました。そんな時、キックオフ時はバラバラに観戦していた人が、我々が得点するたびに徐々に一カ所に集まり、最後には大声援を送ってくれるのです。その人たちは在日コリアンであることを隠して暮らしていたのでしょう。在日コミュニティもない地方の人たちが私たちが日本の高校にリードすればするほど同胞として応援してくれるのだから、モチベーションが高まらないわけがない」

サッカーは、メンタル面が勝敗を左右する。だからこそ、世界的な名監督には「戦術家」などと並んで「モチベーター」と呼ばれる一群がある。しかし、当時の東京朝高にその必要はなかった。それまで会ったこともない人々に向けて「この観客のために勝つ」という強烈なメンタルを備えた高校生が、かつても今もはたしてどれだけいるだろうか。

対蹴球団と自主性で鍛えた

英成は、「戦術的に古い」と評されながらも、無類の強さを誇った理由に「蹴球団」をあげた。国内トップクラスの在日朝鮮蹴球団が実質ホームとしたのが、東京朝高のグラウンドだった。そこで週に3回、東京朝高を相手に実践形式のゲームを行っていた。

「高校生が金明植先生とガチで対戦するのです。鍛えられないわけがない。関学の李さんと毎試合向き合ってれば、普通の高校生フォワードにびびる理由がない」

そして、1966年のインターハイで同時優勝した秋田商、藤枝東を相手にしても負けなかった。それでも「一敗」を喫した。そのことを、英成はいまでも悔しがる。

「清水東に1対2で負けました。相手の決勝点はPK。でもあれは誤審でしたよ」と今でも言い切る。ハイボールの競り合いで清水東の選手がわざと転んだように見えたが、判定は東京朝高のファールだった。

くどいが、あれから半世紀を経ている。それでも、「もっとも記憶に残っている試合は？」との問いに、この一敗をあげた。

「あまりに悔しくてね。帰りの駅で静岡のチンピラと大げんかをしました」

八つ当たりされた静岡のヤンキーにとってはいい迷惑であった。

前述のサンケイスポーツには、「生徒の自主性にまかす」との小見出しで、英成たちが朝練に熱心な様子が描かれている。ここで英成たちがいう「自主性」はフィールドの中の練習にとどまらない。

「金成泰〈きむ・そんて〉というマネージャーがいて、彼はサッカーが大好きだけど太りすぎて選手になれない。それで一生懸命にマネージャーをやってくれました」

当時の2年生の成泰は、県立浦和高校や市立浦和高校など全国制覇の経験のある近隣の強豪校に電話をして、練習試合の約束を取り付けてくるのだった。しかも、公平にホーム&アウェイでやりましょうと言って、2試合分の日程を確保する。実質監督不在のなかで、部員自らが練習試合をマネジメントしていたのだ。

「成泰のおかげで、年間30試合ぐらいはやったかなぁ。それに加えて、蹴球団に同行しての遠征だから、とにかく親善試合はたくさんやらせてもらった」

英成は、目を細める。

生徒による自主的なマッチメイクについては神戸朝高のOBに聞いても同じようなことを聞いた。神戸の場合は近郊の高校では相手にならないので大商大と試合をすることが常となった。大学サッカー界きっての名伯楽と知られた大商大の上田亮三郎監督は東京教育大時代に同級生であった李東奎に心酔しており、後輩にあたる朝高生からの申し出にはいつも快く応えていた。余談であるが、上田がミスした大商大のDFをハーフタイムに体落としでシバキまくっているのを神戸朝高OBで現在在日蹴球協会理事長を務める李康弘〈り・がんほん〉は「うちらもきついけど、ここも凄いな」と驚異の目で見ていたという。

駆けめぐることのなかった「夢」

岡野の眼力は確かであった。「親善試合だから」「戦術的には目新しくない」いずれも当事者が認めている。後述するように戦術が金明植によって導入される以前の「最強」と呼ばれた東京朝高の内情を、正確に見抜いていた。

一方、どのようにその親善試合が組まれていたのか、またなぜ戦術的でないチームが「最強」を誇ったのかを記述した当時の記事は残念ながら存在していない。モチベーションやマッチメークの有り方など、強化のヒントがそこにはあったのだが、日本のサッカージャーナリズムも在日サッカーについてはまだまだ乖離《かいり》していた。

言い方を変えれば同じ日本に住みながら、そして社会人や高校生のカテゴリーで最強と言われながら、蹴球団や東京朝高は公式に日本サッカーと交わりを持てなかった。顧《かえり》みるにいかにもったいないことをしていたのであろうか。サッカー界では古沼や西堂、本田、塩野、大学では上田、社会人では東洋工業の今西和男〈いまにし・かずお〉ら、一部の指導者がその特異な強さに気づいて交流を繰り返したに過ぎない。英成の頃もまた在日サッカー選手はどんなに優れていても未来の見えない時代だった。

「朝高から朝大へと進む過程で、わたしたちのモチベーションは下がっていきました。明植先生ですらそうであったように、親からは『サッカーなんかやめろ』と言われ続けたのです」

金英成の口調に悔しさが混じる。

「朝大の釜本とまで言われた金希鏡さんですが、国家代表にもなれなかった。釜本にあって、朝鮮人選手になかったのはなにか？　私は『夢』だと思っています。釜本には真の実力だけでなく、日本リーグが開幕し、五輪やワールドカップという目標があった。希鏡さんは、どうだろうか。朝大を出て蹴球団に入って、その先になにがあったでしょうか?」

就職差別は厳しく、Jリーグもない時代である。北朝鮮も現在のように在日コリアン選手に窓口を開けている状況ではなかった。

そんな時代にあって、釜本と並び称された金希鏡が実業の世界へ転身したのは偶然でなければ、本人の堅い意志でもない——こう証言する金英成自身もまた、朝大サッカー部を1年で退部してしまう。その後、東京朝高の教員となり、「金明植時代」を一教員として見守ることになったのも、英成が心から望んだことだと誰が言い切れるだろうか。

開幕当初のJリーグがスーパーな外国人選手の加入によって日本人選手に大きな刺激とモチベーションを与える場になっていたように、希鏡や英成が日本リーグでプレーをしていれば、間違いなくレベルの向上につながったはずである。たかが、国籍、民族というもので分断することでいかに社会や文化が停滞するか。また夢の存在がどれだけ人間を大きく成長させるか。Jリーガーとなった安英学の座右の銘が「夢は叶う」であることが象徴している。

証言「朝高詣で」のリアル2

多数のJリーガーを生んだ
本田裕一郎

サッカーだけでなく
言葉まで真似た

本田裕一郎〈ほんだ・ゆういちろう〉

プロフィール

1947（昭和22）年静岡で生まれる。両親は満州からの引揚者だった。サッカーを本格的に始めたのは静岡東高校2年の終わり頃。東京教育大で選手として活躍した青木伸明が赴任してきたのがきっかけ。卒業後、順天堂大学に進学し田中純二監督のもと、サッカーに打ち込む。

市原市教育委員会を経て、1975（昭和50）年、千葉県立市原緑高校サッカー部監督に就任。宮澤ミシェルなどを指導。

1986（昭和61）年に習志野市立習志野高校に転勤。1993（平成5）年に全国高校選手権3位、1995（平成7）年はインターハイ優勝を果たす。

2001（平成13）年から流通経済大学柏高校の監督となり、2007（平成19）年に高円宮杯全日本ユース選手権で優勝、同年度の全国高校サッカー選手権も優勝、インターハイとあわせて3冠を達成。

本田の門下からは日本代表でも活躍した玉田圭司や広山望、福田健二など、多くのJリーガーを輩出している。

国際親善ユース大会のイギョラ杯には90年の第1回から参加。

金先生には本当にお世話になりましたね。

私は指導者としては千葉県立市原緑高校からスタートしたんですけど、その時からずっとですね。

当時は「朝高詣で」っていう言葉があって、選手権に出るようなチームは必ず東京朝高に行って試合をしたんです。特に年末になると、選手権が近いから、実力を試すんです。でも朝高に勝てるチームはなかったんですよ、金明植先生の頃はね。

私も着任直後はまだ選手権の常連でもなかったんですけど、胸を借りたくて、たしか直接学校に電話をして練習試合をお願いしました。

初めて朝高に行った時のことは強烈に覚えてます。現地集合にしたんですけど、私が行ったら、うちの生徒が校門の前に並んで待ってるんです。普段は生意気で、学校の中で大手を振って歩いてるやんちゃな奴らだったんです。「何やってんだ」って聞いたら、入っていいか分からないみたいなこと言ってね。卒業してから白状しましたけど、じつはおっかなくて入れなかったんですよ（笑）。

私は高校（静岡東高校）の時に在日の親友がいたんですよ。だから、朝鮮の人や文化に対する偏見とかそういうのはなくて、むしろすごい親近感がありました。もう、そいつ死んじゃったんですけど、ハリウッドっていう靴屋さんの次男坊だったかな……。日本名（通名）は金海といって、やはりサッカーやってました。それほど上手くなかったけど、強くて、ガッツはめちゃくちゃあって……。当時、私の高校では勉強ばっかりやらされたから、それこそ、好きな者の集まりでやってたぐらいですけどね。藤枝東高校が全盛の頃ですね。

――サッカーだけでなく言葉まで「真似た」

大学は順天堂に行くんですけど、あの頃の順天大のサッカー部には、金さん、田さん、卞さん、李さんとかね、いっぱい在日コリアンの選手がいたんですよ。東京教育大（のちの筑波大学）を出てうちの高校に来た先生に進路相談をしたら、順天大に行けと、まだ関東2部リーグだけど、これから強くなるからって。

でも、私が入った時にはもう4年生に金光洙さんしかいなかった。ほかの在日選手は卒業して、在日朝鮮蹴球団でやっていた。のちに教員チームで私らも蹴球団とやるんですけど、とにかく強かったですね。先輩の李さんに聞くと、トレーニングも半端でない。縄跳びの二重飛びを2千回やるとか言ってました。

順天大での金光洙さんは、細くて、ウイングをやってて、本当に上手かった。ドリブラーで。私はその金さんにすごくかわいがられたんです。金さんのボール扱いだけがサッカーだと思ってましたからね。他の人はみんなバカスカ蹴ってるだけだった。だから、みんなもう、監督の言うことなんか聞かない、金さんの言うことばっかり聞いてました（笑）。

それで、就職して市原緑の監督時代に、鄭泰烈という在日の子が入ってきたんです。彼には朝鮮語を教えてもらいました。サッカーに関する単語をね、全部聞きました。チョッタとかパンデとか、ケンチャナとか……。試合で「走れ！」って言うより「タリラ！」（달려라）って言えば、相手は何を言ってるか分かんないわけでしょ？

そしたら、習志野高校の監督だった西堂就さんが、朝鮮語じゃないんですけど、それに似てる、なんかめちゃくちゃな言葉を試合で使ってきたんですよ、こっちに分かんないように（笑）。あの人、なかなか曲者でしたね。

――日本の高校でも外国籍選手は国体に出られなかった？

私は、その鄭泰烈を国体には出そうという運動をしました。いろんな人を使って発信しました。各地のフェスティバルに行くたびに嘆願書を作ったり……。

でも、間に合わなかった。泰烈の1年あとにレジャン・ミシェル（宮澤ミシェル）が入ってきて、フランス国籍のミシェルが3年生の時に、初めて外国籍の選手として国体に出場できたんです。

その時、力になってくれたのが習志野高校の校長だった山口久太さんです。日本体育協会の副会長をやったり、スポーツの試合の時なんか天皇陛下の隣で説明するような大御所でした。私は国体のコーチなんかやって、面識があったので、鄭は日本生まれなんですが外国籍だから国体に出られないんですよ、みたいなことを言うと、それは出れるようにしないといかんなって言ってくれました。

習志野高校は西堂さんの監督時代、1972（昭和47）年に全国選手権で優勝して、その優勝チームが北朝鮮に行くんですけど、その時、北朝鮮の協会と日本の体協と交流がなかったんで、いったんストップがかかったんです。でも、行ける段取りを付けて、習志野が北朝鮮に行けるように中心になって動いたのも山口先生です。

泰烈は日本育ちで朝鮮語もたいしてペラペラでもなかったんですけど、朝鮮大学に行きたいって言ってたんです。それで、金明植先生にお願いしました。朝大に入りたい子がいるんだけど、どうだろうかと。それで骨を折ってもらって、泰烈は朝鮮大学に入学して卒業しました。日本の高校から朝鮮大学って、その当時は希だったと思います、しかもサッカーでね。

その頃から金先生のところに頻繁に行くようになったかな、食事に誘ってもらったりもするようになりました。練習試合は、年に4、5回はやっていましたね。

そのあと、私が習志野に行ってからは、西堂さんの時代からの交流の縁もあって、大歓迎されるようになって、定期戦みたいになったんですね。

応援は全校総出で、すごかったですよ。日本の高校ではそういうのは希だったけど、激しく応援するような環境なんだって思いましたね。

――まさにトータルフットボールだった

朝高のサッカーは、金先生の影響だと思いますけど、パスもよく繋ぐし、モダンでしたね。

そしてとにかくメンタルが強かった。アップの時から「これかなわねえや」っていう雰囲気がありましたね。自信たっぷりだし、試合で、当たって、文句を言おうもうなら、すごかったですね。気が強かった。ちょうど、朝高が一番元気な最後の頃じゃないですかね。80年代の前半です。

特にゴール前の強さ。攻守にわたってね。ただ放り込んだって絶対に勝てない。みんな速いし。

市原緑高を指導していた頃は戦術的なことはまだよく分かってなかったんですけど、フォーメーションでいうと最初は、4―2―4のイメージがすごい強くて、4―4―2になった時には、ストライカーの運動量とかが半端でなかったですね。

当時は、外からロングボールの放り込みが盛んな時代でしたけど、金先生の場合にはは4―3―3になったころかなあ、すごいパスが……今のように人工芝じゃなくて土だから、タッチ数は1つ2つ今よりも多いけども、パスワークが華麗でしたよね。連動してね。

ディフェンスの連動にも参りました、リトリートしてブロック作っていう感じじゃなくて、とにかく追っかけられた。プレスが速くて第1ディフェンダーでだいたい潰されましたね。

ディフェンスはディフェンス、サイドはサイドで、それはそれなりに役割はあったんですけど、全体が点数取られちゃいけないってなると、みんな必死になって戻ってきてましたよね。両サイドで待ってるなんて選手はそういなかった。流動的というか……まさにあれがトータルフットボールでした。穴になる選手を見つけるのが大変でした。

金先生が自分でやってたポジションをすごく大事にしてたんじゃないかな。中盤を大事にしてパサーがうまかった。両サイドなんかも走るし、パスもいい。受けに裏に走り込むタイミング、もらってから打つまでも速かったし、ヘディングもすごかった、相手の前に体を入れてスクリーンしながら強引に突破したりね。

メンタリティの強さはね、先生の指導に限らず、在日の方、みんなそういうの強かったじゃないですか。日本社会でのハンディキャップもあるから、日本人にはぜったい負けるなみたいなというのはあっただろうし。

――朝高は「激しい」というイメージもあるが？

華麗なのと、激しいのと両方ありましたね。強いのは半端なかったけど、その中でつなげる。それでボールを失うとファールしようが何しようが関係ないぐらいに寄せてくるしね。ビハインドになろうものならさらにすごかった。間違ってこっちが先に取っちゃったりすると、もう大変でしたよ。うっかり点取るな、というのがうちの選手の中にあったんじゃないかなっていうぐらい（笑）。

そういう強者を先生が上手にコントロールしてた。それがすごいことですよね。荒々しいわりにスマートっていう感じでした。個々の選手はみんな荒々しいのに、やってることはすごいきれいに見えた。

金先生は、サッカーのプレーの感覚もさることながら戦術眼もいっぱいお持ちだったと思います。でも当時の他の指導者っていうのは、意外とそういうことにあんまり長けてなくて、戦術までいってなかった。それで、朝高のサッカーを見ながら、なるほど、こういうことかと、まだそれでも朝高の戦術というふうにはみんな言わず、朝高のスタイルって言ってましたね。

日本の監督の側にそこまでの知識というか、土台がないから、捉えきれてなかったんじゃないかな。帝京の古沼（貞雄）先生も出身は駅伝ですからね。西堂さんなんかサッカーやってたというけど、ボール蹴った姿、見たことないから（笑）。でも、日本の指導者でいちばん金先生から学んだのは西堂先生じゃないかなと思いますよ。

例えば、井田（勝通）さんの静岡学園とやる時は、何せあそこはテクニシャン揃いだから、ボールを取りに行くとちんちんにやらされちゃうのでみんな少し下がって、そこからプレスかけ始めるという感じでしたけど、私は金先生に一所懸命聞きましたもん。先生、プレスって朝鮮語でなんて言うんですかって。압력《アンリョッ》（圧力）っていうんだって。それで、その頃からですよ、私、プレス、プレスって意識し始めたのは。朝高のプレス、早かったからね。中盤はコンパクトだったしね。

――ワンツー・パスの基本がすべてだった

金先生は、試合中、ずーっと立ってコーチングしてるんです。どういうこと言ってるか、朝鮮語だから分かんないんだけど、まあ、反対を突けとかっていうね、パンデなんとかというのは分かった。サイドチェンジは多かったから。

日本の高校もサイドチェンジはするけど、大味でとりあえず一発蹴っとけっていうような感じ。東京朝高の場合は、1つ2つ短いパスを入れてからサイドチェンジとか、大きな展開と小さな展開が混ざっていました。

そこはワンツーで行けみたいに、とにかくこんな局面の細かな部分でもかと思う位に具体的な指示を出していましたね。

ワンツーは多かったですね。そういう練習されてたんでしょうね。私は影響を受けていまだに自然に하나《ハナ》（ワン）、둘《トウル》（ツー）とかって言いますよ（笑）。

金先生は、選手に対してサッカーで求心力があったね。当時はやたらひっぱたいたりする先生なんかいっぱいいたけど、金先生ってそんなことしないしね。

でも先輩、後輩の上下関係はすごかったと思うよ。1年生とか2年生とか普通の頑張りじゃないもん。ここで負けたらとんでもないっていうような感じで頑張るから。

それは習志野高にもあった。帝京にもあった。それの強いところのほうが、サッカーが当然強いみたいな、そういう風潮があった。それが強さの原因というわけではないと思うけども、1つの要因だったのは間違いない。いい加減なことはできませんから。上級生も言った以上、必死になってやるし、下級生はたらたらやってれば、すぐしごきがあるし。そういうのってね、半端なかったと思う。

一時、よく韓国のチームがうちに来てて、東京朝高のサッカーはそれにも似てましたね。無駄なことをあまりしない。ワンツー・パスで抜いていく。日本の子は、静岡学園の影響もあったんでしょうけど、ドリブルやリフティングが上手いのが上手いと思ってたから。

ところが先生、そういうことをあんまりさせなかったよね、余計なことを。先生自身は細かなことは基本的には大好きだったんでしょうけど、ボールをこねるとか、でも試合の中ではいっさいさせなかった。

とにかく、あの頃、静岡勢の印象が強かったでしょ、みんな上手かったから。だけど、朝高のシンプルさにはなかなかみんな指導者は気が付かなかった。

だけど、それに気が付いたのは古沼先生じゃないかな。余計なことしないで、ワンタッチ、ツータッチで行けみたいなね。

——海外へ行って「なるほど」と思った

印象に残ってる言葉ですか。それを求めて行っても、先生、そういうの絶対に言わないから。

どうしたらいいとかね、聞いてもはぐらかす。なかなか教えてくれなかったから私は見て学ぶしかなかった。たとえば試合前のシュート練習だとか、そういうの見てて、先生はどんなこと言ってるかとか、朝鮮語だから、なかなか分かんないけど、感覚で学んでましたね。

朝高が清水のフェスティバルに来るでしょ？ みんな見るんですよ、朝高がやろうとしていることを見て学ぶんです。こういうふうにやるのかみたいなね。リベロ……あの当時、スイーパーだとか置いたりしましたけど、朝高ではすごい足の速いの置いてる。なるほど、あそこは足が速くなきゃだめだなとかね。

あとカバーリングも朝高のやっているのを見て学びましたね。そういう言葉さえなかったかなあ、そんな時代でしたよね。だから、チャレンジアンドカバーなんてもちろんなかった。

うーん、やぱり、先に行ってたんだろうね、朝鮮のほうが、日本のサッカーより先に行ってた。時代を経ていろんな情報が入ってくるのが早くなってきてたし、それで私たちもいろんなことを学んだけれど、経験がないから見様見真似ですよね。

でも朝鮮の場合はすでにその時にはワールドカップでも勝ってましたからね、そういう意味ではサッカーのレベルがちょっと違ってましたね。

だから、我々はまだ戦術が根付いてないから、朝高が4―2―4で来るから、うちは中盤を多くして4―3―3で行こうとか、相手が4―3―3だから、うちは5バックにしようとか、ワイドに攻めようとか、そういうことができなかった。

局面で数的有利を作れとか、せいぜい、そのぐらいですよね。

オープン攻撃とかそんな時代、要するにウイングがドリブルして外から中に上げてっていう……その程度の戦術だったよね。サイドバックのオーバーラップもあんまりなかったし。

そういうのを取り入れるようになったのは、習志野の時代ぐらいからかなあ、サイドハーフが中に入った時にサイドバックが上がるとかって……そういう約束事を付けさせたのは。

私が習志野に行ったのは1986（昭和61）年ですけど、80年代の半ばぐらいから、指導者がみんな海外に行き出したんです。海外が身近になって、ブラジルに行ってみようとか、アルゼンチンに行ってみようとか、ドイツ行こうとか、ドイツで資格取るとか、そういうのがたくさん出だした。それで、帰ってきてチームに伝えるようになった。

そうなって、初めて、金先生のやっていたことで、うん、なるほどなって思ったことはいっぱいありますよ。外、外ってやっていきながら中に突っ込んでいくとか……。

――公式戦出場をサポートされた

さっきも言いましたけど、毎年、春先には清水のサッカーフェスティバルに行ってたんですけど、習志野高校の西堂（就）先生、帝京の古沼（貞雄）先生、清水東の勝澤（要）先生、静岡学園の井田（勝通）先生……国内のトップレベルの人たちが、金先生をよくご存知でしたね。みなさんも、朝高にかなわなかった。朝高が公式戦に出られたら、まず勝てねぇなっていうのがありましたね。

でも、若手の監督の中には、想像力のある人たちも多くて、もしも私たちが他の国に行って、そういうふうにサッカーをやっていたら、やっぱり公式戦には出たいよなっていう意見が多かったんです。高校サッカーを考える会っていうのがあったんですけど、私が中心になって新聞を作って、朝高を公式戦に参加させようという記事を載せて、運動したりしました。

間に合いませんでしたけど、もし、金先生の頃に東京朝高が公式戦に出てたら、たぶん何回かタイトル取っていたでしょうね。連続で取れたんじゃないかなあ。あと蹴球団が日本リーグとかJにいても、かなりの強さだったと思いますよ。私がいた全千葉の教員チームは、全国優勝したことあって強かったんですよ。でも蹴球団には勝ったことないからね。恒例行事で年に必ず、日朝親善でやったんですよ、蹴球団と。何回もやりましたよ、私、４、５回出てるかな。だけど勝ったためしない。

朝鮮の方が日本にもたらしたもの……サッカーに関してはすごい多いですよ。本当に日本全国でそういう方、いっぱいいますよ。関西なんかまさにそうでしょ。関東もね、朝高の貢献度はすごい大きいと思う。特に高校サッカーではね。

1986（昭和61）年に金先生が、東京朝高の監督を退任される時に、私が音頭をとって、新宿の東京大飯店で送別会をしました。

やっぱり、いろんな人が金先生にお世話になってるので、そういう先生たちに声かけて、やらせてもらったんです。もう集めようと思えばいっぱい集まったんだけど、それこそフットワークのいい人だけ呼んで、やった覚えがあります。でも古沼先生をはじめみんな来たんじゃないかな、静岡勢も来ましたし。

それで、覚えてるのは、みんなが、先生は次どこでサッカー指導者をやるんだろう？　って思ってたってことです。高校か、実業団かもしんないし、どっかでやるだろうって。

だから、もっとやってほしかったよね、指導者としてね。先生に会うたんびに先生、やんなよ、やんなよって私は言ってるんですけど。

本当に貢献度は、日本のサッカー界、少なくとも高校サッカー界に与えたインパクトはもう……いろんな先生、業績を残し人は、いっぱいいるけども、その中の1人であることは間違いないですね。井田さんもそうだし、国見高の小嶺（忠敏）さんもそうだし、古沼先生もそうだけど、その中の最先端だよね。みんな金先生といろいろ話したがってたよね。でも先生、話さないから、酒飲んでもね（笑）。

先生からメシ食おうって誘われて、しょっちゅう焼肉屋行っててね、それでも話してくれないからね、私の試合なんか見に来てくれた時も、8番の選手速いねとか言うんだけど、全体的に、本田さん、もっとこういうにしたほうがいいよとかっていうのは言ってくれなかった。今でも年に1回ぐらい新橋のお寿司屋さんに誘われて行くんですけど、人をよいしょばっかりしててね、自分のことはいっさい言わないね。あれはたいしたもんだね。謙虚でさぁ。あの頃に4―3―3をやってね、日本のチームをいっぱい負かしたんだって、普通の指導者だと言うんものなんだけど、言わないいね。

（談）

第4章

無冠、されど至強

テクニックと戦術を導入した新監督

1971（昭和46）年、金明植〈きむ・みょんしく〉は東京朝高のサッカー部監督に就任する。2年生部員には、同じ枝川出身の呉泰栄〈お・てよん〉がいた。

1954（昭和29）年生まれの泰栄も、第二初級学校時代の記憶はサッカー一色だ。強制移住で作られた朝鮮人集落・枝川には、当時、都営バスも走っておらず、学校のグラウンドが唯一の遊び場であった。

「1人だけ少し裕福な子がいて、毎朝、彼がサッカーボールを持ってくると、我先にと群がって、まず授業の直前まで試合をやる。1時間目が終わると、休憩時間でも外でボールを蹴る。昼休みもぱっと食事をとって、すぐに試合。〝第二《チェイー》〟の子は、サッカーの合間に授業を受けていたみたいなものです。教室では汗だくで息を切らしていましたから、先生にはしょっちゅう叱られましたよ。『おまえたちは何でそんなにサッカーをやるのか』と」

ゴールやシュート練習のためのボードも手作りだった。枝川への〝弾圧〟は続いており、泰栄は夜半、母親がどぶろくの摘発で警察に連行されていくのを、2階から見ていた記憶がある。それでも台所の塩や醤油が切れていたら、隣近所で貸し借りするのが当たり前、長屋全部が1つの家族というコミュニティで、生活の中にサッカーがあった。

初級3年の夏休みになると、上級生から「サッカー部は練習後も家に帰ってはだめだ、布団を学校に持ってこい」と命じられ、強制的に合宿が始まるのが慣例だった。10歳に満たない少年たちが早朝から炎天下、毎日6時間の練習に明け暮れた。先輩の言うことは絶対であり、連日、月島までのマラソンを課せられる厳しい練習だった。水も飲めず、あまりのつらさに、泰栄たちはいっせいに夜逃げをしたこともある。

強い〝第二《チェイー》〟の試合ともなると、学校には枝川じゅうの大人が集まり、応援に熱がこもった。そのようなサッカーを中心とした価値体系の中で、最高峰の蹴球団のキャプテンまでやった明植は、在日の少年たちにとって憧れの存在であった。

東京朝高サッカー部にはそれまで専門的なコーチがいなかったため、OBや上級生が指導をしていた。先輩によるシゴキもあり、才能のある生徒が途中で辞めていくケースも少なくなかった。また、不文律もあった。1年生は革靴を履いてはいけない。昼休みには食事をとる間もなく、グラウンドに出てラインを引いておかなくてはいけない……、明植はプレーに直接関係のない、これらの理不尽なシゴキをやめさせた。その上で体系的な指導を初めて持ちこんだ。

　長距離走でひたすら身体を鍛えるという旧来の形ではなく、ボールを使った動きを実際に手本を見せて教えた。10代のころから稀代のテクニシャンとして全国に名を馳せた明植である。求心力は絶大であった。それまで生徒たちは、トラップやボディーバランスに対しての細かい指導をされたことがなく、すべてが新鮮だった。

　新監督はテクニックを伝授すると同時に、戦術を導入した。ブラジルが、そして蹴球団がやっていた4―2―4のシステムを教えこみ、ポジションごとの役割分担を明確にしたのである。我流でやっていた選手にすれば、大きな変化だった。

　戦後、伝統的な草サッカーで幼少のころからボールに触れていた在日コリアンの生徒たちに、明植の〝技術〟と〝戦術〟が浸透してゆくと、朝高のレベルは加速度的に上がっていった。モダンな練習は365日、大晦日と元日を除いて行われることが宣言され、東京朝高は黄金時代を迎えていく。

強く、そして「フェア」を求めた

この時期、明植率いる朝高サッカー部の変遷を帝京の古沼貞雄は間近で見ていた。数々のJリーガーを育てあげた古沼が、こう振りかえる。

「当時の帝京と朝鮮高校は、生徒間のいざこざが絶えなかった。ケンカは日常だったんで、校長なんかは朝鮮高校と試合をすると言うと、いい顔をしない。面白いのは、うちが春の都大会で優勝したと新聞に載ると、翌日にはすぐに朝高から電話がかかってくる。要するに、東京チャンピオンになったチームとやって勝てば、在日関連の新聞でも大きなニュースになりますからね。我々とはまた違った意味の勝負というか、勝ち負けにこだわっていた。今のサッカーはみんな握手をして、お互いの健闘をたたえあうけど、そんなもんじゃなかったね」

当時の試合を古沼の視点から振り返るとこうなる。試合の日、朝鮮高校に足を踏み入れると、門を入ってすぐに芝の植えこみがあり、そこに生徒を座らせて、ＯＢらしき人物が何か話している。

「朝鮮語ですから正確には理解できませんけど、ただ、雰囲気でわかるんです。我々朝鮮民族は、だれよりも優秀で、金日成首相の指導のもとに、今日の試合も絶対勝つぞ！　とミーティングをしている。校舎の窓という窓から女の子がばーっと顔を出しているし、タッチラインのところには、ワルそうなごつい男子生徒たちが集団で立っていて……。

同点だったら、もう試合終了時間が来ても審判は笛を吹かないし、帝京がシュートのときに際どいファールをされたって、みんな流されちゃう。なかなか朝高のグラウンドに行って勝つということはできなかったです。アウェイ中のアウェイ（笑）。

結果的には2対1ぐらいで負けたりするんですけども、朝高は勝てないとまた明日やろうと言うし、朝高の選手は選手で、居残りのシゴキでボールをバンバンぶつけられているしね」

京都朝高サッカー部のキャプテンで現在リスペ代表の李鳳宇〈り・ぽんう〉は、当時の朝鮮学校のサッカーが全国同胞の民族意識を高める道具として使われていた点について、こう言っている。

「試合直前に金日成首相の書いた『回想録』を渡されて、抗日パルチザン闘争の部分をずっと読まされるんです。で、〝この気持ちで闘えっ！〟と送り出されるわけですよ。子供心に、それよりもアップして身体を温めるべきじゃないかと思っていましたけどね（笑）。で、0

対1とかで前半を折り返すと、裏で全員往復ビンタを食らって〝後半は死ぬ気で行け！〟と言われる。結局、サッカーは好きなんだけど、その雰囲気が嫌で、同期の奴は26人入って10人しか残らなかったですね」

そのスタイルは、「名門」東京朝高でも大差はなかった。しかし古沼は、明植が監督になって早々に、東京朝高のサッカーが変わったことに気がついた。

「金さんが監督になるとすぐに、生徒には汚いプレーをするなと叱っていたので、バックチャージもなくなったし、ロスタイムを10分もとるなんてこともなくなった。それまではボールに食らいついていかないと、〝魂が入ってねえ！〟って、OBが殴ったりしていましたけど、明植さんはそういうことをしませんでしたね。人間味のある指導だった」

帝京対朝高の最初の「十条ダービー」を戦った高橋公平はこう見ていた。

「ぼくは帝京を卒業後、スポーツ用品関係の仕事もしてましたから、全国のいろんな大会に行ったんですが、清水サッカーフェスティバルで、すごく覚えてることがあります。明植先生が監督をされていた試合で、朝高の選手がひどいファールをしたんです。普通なら、やられた方の監督が怒りますよ。だけど、金先生は、『馬鹿野郎！　なにするんだ！』と猛然と自分の選手を叱りつけ、その場で交代させたんです。そんなことするの金先生ぐらいじゃないですか？　長年サッカーを見てますが、あまり聞いたことも見たこともないです。それが、先生の人間性としてすごく印象に残っています」

言うまでもなく先発で出場させているのは力のある選手である。それを外すということは戦力ダウンは必至であるが、レフェリーがカードを出さなくても明植は自らベンチに下げたのである。

帝京と東京朝高の進化は古沼と明植になぞらえられる。二人は友情を育んだ。十条の駅でばったり出会うと、明植は上野や新宿の同胞の店に古沼を連れていき、焼肉や酒をふるまった。しかし、古沼は「サッカーの本質を話題にするとはぐらかすんですね、金先生は。だから教えを請うというより、〝盗むしかない〟と心に決めたものです」と笑う。

新学期が始まればどちらからともなく電話をしては、「やろうか、練習試合でも」「あっ、やる」といった具合に、多いときには月に2度も3度も試合を行った。いつも1、2点を争う展開だったが、東京朝高の強さは一段階上だった。古沼は朝高と試合をすることで、自らのチームの仕上がりのバロメーターにしていた。

「朝高相手にここまでできたのだから、静岡の高校は目じゃねえ」、といった具合である。
古沼はまた、朝高の選手が可愛かった。特に3人兄弟で歴代背番号8を背負った、任達文〈いむ・だるむん〉、英文〈よんむん〉、浩文〈ほむん〉の通称〝エイトマン3兄弟〟の長男達文は、遠くから古沼を見かけると必ず走りよって挨拶をするので、その俊敏なプレー同様に記憶に残っている。

敵を見つけると、赤羽線（現JR埼京線）の電車の窓から飛びだして殴りあうといった、帝京と東京朝高の派手なケンカは相変わらず続いていたが、サッカー部員同士は両監督の厳命もあり、互いに相手の生徒を〝警備〟し合ったこともある。カツアゲなどされそうになったときは、部員の名前を出して放免された者もいる。

両校間のケンカについては、こんなエピソードもある。

あまりに頻繁に乱闘事件が起こるので、ある日、明植にも十条駅に通学指導に行くように学校から指示が出された。駅に着くと、案の定、生徒たちが胸ぐらをつかみあっている。帝京からは柔道部の顧問が派遣されて来ており、明植は一緒に止めるはずであった。ところが、なぜかこの人物が挑発的な言動を繰りかえすので揉めはじめ、気がつくと明植は共闘するはずの人間と殴りあっていた。始まった教師同士の乱闘に、生徒がぽかんと見とれていた。

高校日本一の北朝鮮〝遠征〟

東京朝高には帝京のほかにもう1校、交流の深い高校があった。千葉県の習志野高校である。習志野をスポーツ強豪校に育てあげた初代校長の山口久太〈やまぐち・ひさた〉はまた、在日コリアンのスポーツ環境の改善にも尽力した人物である。

当時の監督である西堂就〈にしどう・たかし〉は2012年に92歳で亡くなるが、生前、85歳になっても柏日体高で指導を続けていた。同校を訪ねると元気にグラウンドに立ちながら、記憶の引き出しを開けてくれた。

「明植さんの朝高にはまったく歯が立たなかったね。いつも7、8点とられていた。もう体つきから違っていてね、朝高の連中は本当に厳しい練習をしているなと、やる前から威圧されるんです。ドリブルで突っかけられて、詰めていくとワン・ツーで裏に持っていかれる。わかっているんだけど、やられるんだ」

明植に心酔した西堂は、朝鮮語のコーチングをよく真似した。意味を聞いた上で、「잘《チャル》보《ボ》

라《ラ》（よく見ろ）」「반《パン》대《デ》（사이드）（逆サイド）」などと、生徒に指示をした。これは後述するが、流経大柏高などを率いた本田裕一郎〈ほんだ・ゆういちろう〉監督にも共通する〝戦術〟であった。また、ボールを持っていないときのポジショニングの大切さを、西堂は明植から学んだ。

この習志野高校サッカー部が、明植が監督に就任した年に、サッカーを通じて日朝外交に一つの風穴を開ける。そしてその流れが在日サッカー界、ひいては日本サッカーに進展をもたらすことになる。

1972（昭和47）年1月7日、全国高校サッカー選手権決勝の取材をしていた日本テレビ運動部の坂田信久（のちの東京ヴェルディ社長）は、習志野の2度目の全国優勝を見届けるとホテルに戻り、翌日の仕事の準備にかかっていた。夜半、部屋の電話が鳴った。習志野の祝勝会に行っていた編成部の務台猛雄〈むたい・たけお〉からだった。

「習志野の山口校長が妙なことを言っている。うちの高校は優勝したので北朝鮮に行く、日本一になったらあの国に招待されることになっていると話しているんだけど……。確かに北朝鮮のサッカーは強いが、国交がないだろう？」

坂田はピンときた。彼は、戦後困窮していた在日コリアンのスポーツ活動に、山口がずっと手を差し伸べていたことを知っていた。習志野は一公立高校にすぎない。しかし、蹴球団の対戦相手の紹介や、来日した北朝鮮代表の世話などを行なってきた山口であればこそ、実現の可能性はある。

「それ、上に知らせよう!」

坂田のジャーナリストとしての嗅覚が働いた。1966（昭和41）年のW杯イングランド大会ベスト8の北朝鮮と政治の壁を越えてサッカーの交流ができればこんな素晴らしいことはない。当時の北朝鮮の強さに鑑みれば、現在のブラジル留学にも匹敵する強化プランといえた。そこで学ぶことはとてつもなく大きい。

読売グループとしては、それに同行することで、未知の国である北朝鮮のスクープがモノにできる。日本テレビにはこの時期に、元内務官僚の小林與三次〈こばやし・よそじ〉が、読売の論説委員長から社長に就任していた。小林社長なら、関心を持つのではないか——坂田の読みは当たった。

「金日成首相と会えるなら、自分も行こう」と小林は言った。

小林が本気になったことは大きかった。坂田は山口校長のところへ相談に行き、総聯の在朝鮮人体育連合会に足を運び、徐々に足場を固めていく。総聯は窓口となって折衝に入る。総聯には、本国を日本人に見せたいという野望があった。

「習志野高校サッカー部が5月に北朝鮮へ行く」

読売新聞がこの訪朝計画を報じたのは1972（昭和47）年4月6日のことである。当然ながら、韓国と北朝鮮の南北対立が続く中で、日本と国交のない国への渡航に、外務省は猛反対した。しかし、元内務官僚でもある小林は自民党とのパイプも強く、精力的に裏で根回しを進めていく。日本政府も表向きは反対するが、実際は北朝鮮ともパイプができることは、決して悪い話ではない。それでも日本サッカー協会は反対した。

監督の西堂は、テレビ解説で有名な協会の若手幹部から、丸の内ホテルに呼び出された

「北に行くな。行くなら、韓国へ行け」

と説得を受ける。それでも西堂は、

「我々は政治とは関係なく、ただあの国のサッカーを学びに行くのだ」

と譲らなかった。

また運動記者クラブでの山口の会見では、協会の見解をそのままぶつけてきた記者がいた。

「日本サッカー協会は、『北朝鮮はＡＦＣ（アジアサッカー連盟）に加盟していない。日本サッカー協会傘下のチームが未加盟国と交流することは許可できない』と言っているが」

一本気で口下手な山口は、理論武装ができていなかった。窮地を救ったのは読売新聞運動部記者（前・兵庫大学教授）の牛木素吉郎〈うしき・そきちろう〉だった。牛木はこの企画に賛同し、同行取材に名乗りをあげていた。日本のサッカーライターの草分けとなる牛木は、世界のサッカー事情を熟知していた。代わりにマイクを握ると、「訪朝するチームは、1月の高校選手権で優勝したチームで、すでに習志野高校を卒業しており、ＯＢクラブの〝習友団〟となる。任意団体なので協会傘下ではない。また北朝鮮は確かにＡＦＣには加盟していないが、ＦＩＦＡ（国際サッカー連盟）には正式加盟している。むしろＡＦＣはＦＩＦＡから、なぜ北朝鮮を加盟させないのかと指摘を受けている状態だ」と説明し、反対意見を封じこんだ。

東京朝校を後押しした西堂監督

公的な問題や障害はとり除かれつつあったが、出発が近づくにつれて当事者に対する妨害が大きくなってきた。

習志野高校には右翼の街宣車が日参し、「習志野もついに赤化したのか！」とがなり立てた。西堂の家にはどこで調べたのか、無言電話が続き、血書が届いた。

坂田が家に帰ると、妻が不安そうな顔をしていた。留守中に「あんたの夫の子供を身籠《みごも》った」という女の声の電話が何度もあったと言う。坂田は出発まで妻を実家に帰すことを決意した。

5月9日、習志野高校サッカー部は、モスクワ経由で平壌《ピョンヤン》の大地を踏みしめた。西堂は当時の心境と決意をこう書き残している。

「私の頭の中にはもちろん、親善友好第一、サッカー第二の原則はありましたが、東京オリンピックからメキシコと充実をつづけた日本サッカーのその後の低迷への反省と模索が激しく去来していました。外国なので背広は着ていきましたが心は黒衣の求道者のように、私はこの国から何かを学ばなければならないと自分にいいきかせていました」

ここにあるのは、政治の枠を超えてW杯ベスト8の北朝鮮から学ぶという謙虚さと意欲である。

習志野一行は大歓迎を受け、親善試合を各地でこなした。通訳をしてくれたのは帰国していた李東奎であった。当時の習志野はGK斉藤を中心とした固い守りと、長身FW大野の頭にあわせるカウンタースタイルで、日本の高校サッカー界では無敵であったが、北朝鮮では完膚なきまでに叩きのめされた。3戦全敗で13失点を喫し、得点を決めることは1度もできなかった。

西堂は、5月24日に行った平壌運輸高校との合同練習のメニューをすべて記録し、持ち帰った。攻守の切り替えを意識したグループ練習は、どれも目新しいものばかりだった。象徴的なのは3人1組になって10メートルの距離を保ちながら、相手を崩すトレーニングで、「正確なタイミングと技術が備わってはじめて練習になるもので、こうしたものを普通にやってのける朝鮮の選手のレベルの高さは相当なものであった」と述懐している。高校日本一にしてもついていくのが精一杯であった。

一方、田中角栄〈たなか・かくえい〉（当時通産大臣、同年7月に首相就任）からの親書を携えた小林は、金日成首相との会談を実現させた。リスクを冒した習志野高校サッカー部の初訪朝は、大成功といえた。

「日本人が祖国を訪問した」、しかもサッカーを理由に。この一件は在日社会において大きな反響を呼んだ。

次は、壮行試合で彼らを見送った明植たち東京朝高の番だった。

在日コリアンのほとんどが南の韓国から来た人たちであるのに、なぜ北朝鮮を支持し、祖国と慕っているのか、現在の若い世代にはわかりづらいだろう。戦後、日本からも韓国からも棄てられ、行き場を失った人々に対して、北朝鮮はいち早く〝在外公民〟としてその立場を守ってくれたのだ。ある在日1世の老人は言った。「北の政権に問題があることはわかっているが、あの恩だけは忘れない」と。

在日の人々の北朝鮮への帰還運動は、前述したように1959(昭和34)年12月から始まっていた。

北朝鮮は〝地上の楽園〟と喧伝されていながら、帰ってみれば自由が制限され、日本へ再び戻る自由はなかった。たとえサッカーの強化合宿として北朝鮮本国が受け入れたとしても、日本政府が再入国を許可しなかった。そんな時代である。

習志野高校サッカー部訪朝団一行の中でも監督の西堂は、親交の厚い朝高に特に同情的であった。国交がない中、日本人である自分たちが行けたのである。日本政府は彼ら朝高にも、渡航の許可を出すべきではないかと、西堂は考えていた。

1972（昭和47）年6月24日付の読売新聞の「気流」欄に西堂の投書が載っている。

「在日中国人高校生の夏休みの本国訪問、上海サッカーチームの横浜訪問、卓球の中国交流と、アジアの友人たちとも平和的交流が次々と日本政府によって許可され、活発化している今日、同じアジアの朝鮮の友人たちだけが、純粋なスポーツの平和的交流で差別されていていいのでしょうか。（中略）日本国民のみなさん、どうか東京朝高サッカーチームの友人たちの悲しみの涙を、今度こそ喜びの涙でびしょびしょにしてあげるよう、みんなで日本政府にお願いしようではありませんか」

この投書が載った経緯については、同じ訪朝団でも、西堂と読売新聞運動部記者・牛木素吉郎では、見解が異なる。西堂は事前に読売側から掲載を了承してもらっていたと回想し、牛木は新聞がそのように恣意的なことをするはずがない、と否定した。

ただ、いずれにしてもこの投書が、少なからず世論に影響を与えたと関係者は口を揃える。当時の論調を読み比べると、読売が訪朝を後押しし、朝日がネガティブなキャンペーンを張っている。現在と対照的で興味深い。

大歓迎を受けた8・18世代

6月になって北朝鮮本国から東京朝高サッカー部宛に、7月20日から平壌《ピョンヤン》で行われる体育祭に参加してほしいという正式な招待状が届いた。問題は、日本の法務省が発行する再入国許可証であった。小林與三次が、再び政治力を活かして法務省に働きかけた。日本テレビ運動部記者として訪朝した坂田は、「政治力からいって、小林さんでなければ役所相手のあの折衝はできなかった」と述懐する。

再入国許可下りる、との一報は、朝高のよみうりランドでの合宿中に入った。明植がこの結果を伝えると、生徒たちはいっせいに沸きたった。

訪問選手団を選ぶ中では、また政治的な思惑から綱引きがあった。あくまでもサッカー部強化を目的にしたい明植と、文系の生徒を送りたい学校側。そして総聯側は、生徒の親を考慮して選抜しはじめた。父兄の組織に対する貢献度を重視しようとしたのである。明植は、それはサッカーと関係がないと、突っぱねた。最終的に配慮はしたが、遠慮はしなかった。苦肉の策として、数人の生徒が急造サッカー部員ということになった。

1972(昭和47)年7月26日。羽田空港は旅立つ東京朝高サッカー部、そして同様に本国から招待を受けた横浜初級学校音楽舞踊部を見送る在日コリアンで溢れかえった。習志野高の西堂就監督、帝京の古沼貞雄監督もエールを送りに駆けつけた。

一行は旧ソ連のハバロフスク経由で平壌《ピョンヤン》に入った。ついに初の祖国訪問が実現したその日は、雨が降っていた。目的地に着きタラップを降りると、明植に向けて突進してくる若者がいた。神奈川朝高時代の教え子、キム・ジョンテだった。帰還運動で祖国に戻っていた彼は、かつての恩師の姿を見つけると、夢中で駆けより肩車をしてターミナルまで走った。

宿泊先である平壌旅館へ向かう生徒たちのバスの後を、帰国していた親戚、友人、先輩、後輩たちが一目見ようと追いかけてきた。そぼ降る雨の中、濡れながら10キロ以上の道のりを一団はいつまでもついてきた。

大歓迎を受けた東京朝高は、祖国で4試合を行う。競技場はどこも満員で高校生同士の試合に5万人が入った。センターフォワードだった呉泰栄の記憶。

「1勝3敗。最後に平壌外国語高等学校とやって一矢を報いたんですが、とにかく身体つきからして違っていました。強いし、速いし、こてんぱんにやられました」

平壌の空港で歓迎される東京朝高イレブン。右端がキム・ジョンテに肩車される金明植

北朝鮮の選手たちは、身体が強靭《きょうじん》で球捌きが圧倒的に速かった。創部以来この年7月までの段階で、403勝47敗35引き分けの成績を誇り、直前のよみうりランドでの合宿では名門読売クラブと五分にわたりあった東京朝高も、まったく歯が立たなかった。8月18日には金日成首相との接見が実現し、呉泰栄をはじめ韓在能〈はん・じぇぬん〉や後に国学院久我山監督を務める李在華〈り・じぇふぁ〉らを擁したこの世代は以降「8・18〈パリパル〉世代」と呼称される。

泰栄にはこの平壌での合宿で、忘れられない経験がある。

1966（昭和41）年イングランドW杯でベスト8に進出した北朝鮮代表チームのFWであった朴承振〈ぱく・すんじん〉が約2週間コーチに就いてくれたのだ。学生少年宮殿の体育館では、ヘディングを徹底的に教えこまれた。泰栄は決して長身ではないが、朴は、要は跳躍のタイミングである、背が低くても大丈夫だと何度も指導した。泰栄はボールの落下点への入り方をここで体得し、頭での競りあいでは負けなくなった。朝高は初めて体験する練習方法や戦術を吸収すると同時に、親善試合で揉まれ、力を蓄えていった。

このときの訪問で明植は東奎との12年ぶりの再会を果たす。勤勉な東奎は帰国後も学問の道を歩み、医科大学の夜間学部に入学しなおして6年かけて卒業。国立体育科学研究所競技

平壌のモランボン競技場で試合する東京朝高（1972年７月30日）

室に入室して世界のサッカー技術書を翻訳するなどして働いていた。

開けっぴろげな明植のことである。歓談はオフィシャルな場だけにとどまらなかった。東京朝高の監督ということであてがわれたベンツを自在に操り、夜半に東奎の住む団地を訪ねては心の底から旧交を温めた。

7月26日から9月8日までの滞在を終えて帰国すると、鹿児島国体に出場する東京高校選抜との試合が24日に行われた。祖国訪問の成果は恐ろしいほど顕著に出た。昨年は同じカードで1対1のタイ。しかし、この日はまったく相手を寄せ付けなかった。6対0で完封してしまう。

「厳しさに慣れてしまうと、こんなにも楽にプレーができるのか！」

平壌での当たりの激しいサッカーの洗礼を受けた泰栄は、ボールを操りながら自らの成長に驚いていた。

祖国訪問を果たしてから、明植の東京朝高は、日本国内でもう一段上のレベルに入っていた。当時の神戸朝鮮高校には1985（昭和60）年に北朝鮮代表に選出され、80年代最高の在日サッカー選手といわれた金光浩〈きむ・ぐぁんほ〉がいたが、東京朝高には最後まで勝てなかった。

「朝鮮に行った勢いでとにかく強かった。明植監督のサッカーは非常にシステマチックで、役割が明確。だから技術のあまりない選手でも上手く見えてしまうサッカーだった」（金光浩）

ヨーロッパ発北朝鮮経由のモダン戦術

帝京の古沼は、大会前の仕上げとして毎年東京朝高との一戦を活用していたが、それ以外の高校でもいわゆる〝朝高詣で〟が頻繁に行われた。年末の全国高校サッカー選手権に出場するために地方から上京してきたチームは、実力的に格上の朝高に胸を借りようと、先を争って練習試合を申しこんだのだ。

島原商業、清水商業、静岡学園、韮崎、室蘭大谷……。明植は、12月になるとそれらの電話対応に追われながら連日試合を組んだ。

朝高は3軍まであり、対戦相手の力量にあわせて選手を入れ替えて戦った。後半になるとメンバーの半分をスパッと代えてしまうこともあった。

翌1973（昭和48）年1月には、朝高の進化をさらに加速させる事件が起こった。北朝鮮とのパイプが太くなった日本テレビの招聘で、平壌軽工業高校チームが来日したのだ。日本で６試合を行い、その強さを見せつけて帰国する。羽田空港へ見送りにいった明植は、別れ際に指導コーチの金鍾成〈きむ・じょんそん〉（枝川生まれの金鍾成とは別人）から、無言で紙片を手渡される。手帳を破った２枚のメモには、数字と図形がびっしりと書きこまれていた。

明植は一瞬にして理解した。それは当時の先進的な戦術システムだった。

後方からＤＦが飛び出していくオーバーラップのタイミング、中盤の構成の仕方――当時の北朝鮮は、社会主義諸国間で行われる定期戦や親善試合で、最新のヨーロッパのサッカーに直接触れる機会が多かった。それは現代サッカーの原型ともいえるものであった。チェコやユーゴが多用する、ショートパスのつなぎのサッカーの影響を受けた戦術は、アジアの中で最も異質で画期的なものであった。

明植は、メモを自分なりにアレンジして練習にとり入れた。

２００２（平成14）年の日韓Ｗ杯の際に、明植は松本でキャンプを張ったパラグアイを視察に訪れるが、南米の雄のトレーニングメニューと、29年前に渡されたメモの内容が、酷似していることに改めて驚嘆している。

その後、明植はＦＩＦＡのコーチングスクールなどで幾度も平壌に渡るが、この金鍾成コーチには会えていない。自分にメモを渡したことが発覚して、地方に飛ばされてしまったのではないかとの懸念が、今も頭をよぎる。

ちなみに、明植が1982（昭和57）年に平壌で受けたFIFAコーチングスクールの指導教官は、イヴァン・トゥブロクというユーゴスラビア人であった。東西冷戦時代に非同盟中立諸国をリーダーとして牽引していたユーゴは北朝鮮と極めて良好な外交関係を保っていた（映画『アンダーグラウンド』ではチトー大統領の葬儀の実写シーンに金日成が映り込んでいるのが見られる）。そしてこのイヴァン・トゥブロクこそ、若き日のイビツァ・オシムが片腕として支えたロサンゼルス五輪におけるユーゴ代表監督であった。明植はオシムの戦術のルーツエッセンスを一足早く日本に持ち込んでいたとも言えよう。

繰り返したポジショニング練習

東京朝高は、平壌での経験と現役コーチのメモを元に作りあげた4―4―2、4―3―3の構成を使いわけて、暴れまわった。

「ポジションチェンジもオーバーラップも、当時、そこまで深い戦術を駆使する高校は、日

本にはほとんどなかった」（西堂就）

明植は、個人技術だけでなく、サッカーには戦術があることを生徒に伝えた。

その一例がポジショニングだった。例えば、サイドバックだ。

1979（昭和54）年に入学し、スイーパーとして活躍した高英禧〈こう・よんひ〉は、サイドバックのパターン練習について、こう語る。

攻撃を繰り返した当時のパターン練習について、こう語る。

「サイドにいる攻撃の選手が中に入り込んで、空いたスペースにサイドバックが持ち上がりセンタリングからのシュートというパターンを繰り返した」

時は、1980年代に入ったばかり。日本のサッカーはサイドチェンジという言葉もなく、またディフェンダーは専守防衛が当たり前の時代だった。

サイドバックが相手側のエンドラインまで深くえぐってセンタリングを上げるなどという戦術を採用しているチームは、高校はもちろん日本リーグでも皆無だった。

しかも、明植は技術や学年で組み分けせずに、キックやドリブルの個人練習以外は、全部員に同じパターン練習をやらせたという。

その成果を肌で感じた人物がいる。

２００５（平成17）年から11年間にわたって東京朝高サッカー部を率いた高隆志〈こう・りゅんじ〉だ。高隆志は、大阪出身で、高校も大阪朝高だった。東京朝高からすれば「外様」であるが、朝大を出て赴任した広島朝高では後のＪリーガー、李漢宰〈り・はんじぇ〉を指導した経験もあり、史上初めて東京朝高ＯＢ以外から監督に就任した人物である。

朝鮮高校の全国大会は、在日朝鮮人学生中央体育大会（中央大会）といい、１９５０年代から毎年開催されている。

高隆志も大阪朝高サッカー部を率いて参加したが、当時の東京とその他の力の差をこう表現する。

「東京（朝高）は、予選リーグを１、２年生で戦うのです。それでも悠々と決勝に勝ち残る。そこでレギュラークラスの登場です。大阪（朝高）は、それまでの試合でユニフォームも泥々なのに、東京のユニフォームは汚れひとつない。私たちは、試合をやる前から『東京のレギュラーと試合ができる』と喜んでしまったほどの力量差がありました」

事実、金明植が監督として参加した13回の中央大会で、東京はじつに11回優勝している。2位以下は2度だけという突出した勝率を誇った。

ちなみに、大阪はこの高隆志の時代も1対3で敗れるものの、地元関西では突出したチームであった。

しかし、東京との一戦は衝撃的であった。高隆志はこう語る。

「サイドバックがものすごく印象的でした。うまい、速い……。どこのチームに行っても10番を付けても不思議のない選手がサイドバックをやっていた。あんなのは、当時は見たこともなかった」

これが1984（昭和59）年の東京朝高だ。言い方は悪いが、当時の日本のチームのサイドバックは、野球でいう「ライパチ（ライトで打順は8番）」のようなイメージがあった。いないと困るが、いちばん技術に劣る選手の「定位置」だったからだ。重視されないので当然人材も不足しており、「ドーハの悲劇」の要因はケガをした左サイドバックの都並敏史〈つなみさとし〉の穴を誰もカバーできなかったことにある。しかも1993年のA代表チームにしてである。

しかし、2人の〝高〟が証言するように、明植は組織的にサイドバックの攻め上がりをうながすパターン練習を繰り返した。

伝統的な草サッカーで幼少のころからボールに触れていた在日コリアンの生徒たちに、明植の技術と戦術が浸透していくと、東京朝高のレベルは加速度的に上がっていった。

明植はまた鍛えるだけではなく、日本の高校選手のスカウティング（調査）活動も積極的に行った。同世代の日本代表クラスが練習をしている現場に自ら足を運んで、プレースタイルを分析しては生徒に伝えた。自然と生徒は、考えるサッカーを身につけていった。

晴れ舞台となった「準公式戦」

西堂たちが働きかけてくれてはいたが、日本の高校の公式大会には相変わらず出場できなかった。それでも高校選手権の上位校と試合をする中で、自分たちの実力に対する自信は確固としてあった。

自分たちが試合をした相手がインターハイや選手権でどこまで勝ち上がるのか、それを観ることで悔しさをまぎらわせていた東京朝高のサッカー部員にとって、モチベーションとなっていた大会がふたつある。

ひとつは、毎年春休みに清水市（現静岡市）で開催されている高校サッカー親善試合だ。通

旧清水市の高校サッカー親善試合（清水サッカーフェスティバル）で優勝した東京朝高イレブン（1985年）

高校サッカークラブ訪問 23

朝鮮高（東京）

幻の日本一チーム朝鮮高サッカー部登場

実力は全国トップクラス

在日朝鮮人子弟のための高校は全国で12校あるが、その中でも最もサッカーが強く盛んなのが東京朝鮮中高級学校だ。国内の大きな大会には参加資格がなく、一般にはその実力は知られていないが、サッカーを国技とする母国（北朝鮮）の影響を受けた朝鮮高サッカー部を今回は訪ね、強さの秘密を探ってみた。

◀朝鮮高のシンボルとなっている記念

東京朝鮮中高級学校正門

70年から母校のチームを率いて12年目の金明植監督

東京朝鮮高主力メンバー。後列左から朴孝次、金秀岳、金慶寛、朴康功、柳昌守、黄国
金民秀、崔孝一、中列左から呉洋行、金富俊、許東圭、朴承範、李成皓、朴公祥、宋
金正広、前列左から、白栄玉、韓仁沫、金伸彦、宋昌純、李徳雨、呉白煥、金鍾成、呉
の24人

東京朝鮮高サッカー部。部員は60名。朝鮮高では、サッカーは最も盛んなスポーツで、体育の時間などでもサッカーが中心に行なわれ小、中と生徒のほとんどが
サッカーを経験してくる。その中でもサッカー部員は、素質や努力を認められた者の集まりで、いわばエリート集団といえるだろう

校1500人）は、東京城北地区、赤羽線十条駅から徒歩5分のところにある。近くには帝京高、東京家政短大など学校が密集する文教地区の一角である。

学校も在日朝鮮人の子弟を教育する目的で戦後すぐの1946年に創立し、サッカー部が正式に発足したのは、10年後56年からだ。それ以前にもサッカーは同好会的な存在としてあったが朝鮮蹴球団などの社会人チームと年数回のゲームを行なう程度で、56年に東京教育大OBの金世煥氏（現朝鮮大監督）が初代監督として赴任して本格的にスタートした。その後約10年間の金世煥監督の指導のもとに強力なチームが作られ、数々の成績を残した。その当時の実力を知る記録としては、一年間だけ東京朝鮮高が都立の高校として登録され、高校選手権に出場したことがある。55年の第33回大会に都立高として出場した朝鮮高は、準決勝に進出し、浦和高に敗れベスト4の成績を残した。後にも先にもただ一度だけの記録といえるだろう。また、この時にCFとして活躍したのが金明植現朝鮮高監督である。

金明植監督は、朝鮮高から中央大に進学、一年からCFとしてレギュラー入りし、大学選手権優勝などの成績を残した。中大を卒業すると神奈川朝鮮高に赴任し、朝鮮蹴球団のメンバーとしてプレー、同チーム主将、朝鮮大コーチを経て、70年から東京朝鮮高監督に就任して、現在のチームの基礎を築いてきた。

70年に金明植監督が赴任した当時は、チームは金世煥監督が朝鮮大へ去り、数年間の指導者空白期の谷間にあたっていた時期であったため、各選手の個人技だけを特徴とするだけのチームであった。

サッカーを国技とする国柄だけに、たとえ日本で育っていても子供たちは小さい頃からサッカーとなじんで育ってくる。現在でも朝鮮高の生徒のうち6割は少年団などでサッカーを経験しているという。

そのため、指導者なしでクラブを続けていると個人技だけのチームになり、極

東京朝高を「幻の日本一」と伝える「サッカーダイジェスト」（1982年）

称「清水サッカーフェスティバル」とも呼ばれ、1974（昭和49）年に旧清水市の市制50周年を記念して開始し、現在でも続いている歴史ある大会である。

さすが国内有数のサッカーどころだけに、第1回大会からしてその顔ぶれがすごい。ホストチームの清水東、清水商をはじめ、帝京、静岡学園、東海大一、習志野高、浦和南、室蘭大谷、仙台育英……と、下手をすれば全国大会を勝ち抜くよりハードな大会とも言える。

東京朝高は、その第2回から参加し、1982（昭和57）年に前述の金鐘成やキャプテンの金伸彦〈きむ・しのん〉らを擁し準優勝するなど毎年好成績を収めてきた。

さらに1985（昭和60）年の優勝は、唯一の大学チームである駒沢大を決勝で破っての快挙だった。

ただし、この大会は春休みに行われる、いわば新人戦。このあと、インターハイ、国体、全国選手権を通じて、日本の高校はどんどんハイレベルな試合を経験していく。

それに対して、公式戦に出場できない東京朝高の選手たちは、どのようにモチベーションを維持したのだろうか？

高英禧は、「それが東京選抜との一戦だった」と語る。

東京選抜とは――毎年秋に開催される国体に東京都代表として出場するチームのことである。東京都は、国体少年男子サッカーに単独ではなく選抜チームを派遣していた。そのため帝京や暁星などの強豪チームから選抜された選手でチームを編成し、その壮行試合として設けられたのが東京朝高との対戦だった。

対戦が始まった経緯を明植は、こう語る。

「70年代のはじめに、より強い対戦相手をということで東京選抜との試合が始まった」

この点については、帝京の古沼も「東京朝高にも公式戦に近い試合をという機運になったが、都内には単独一校で対抗できる日本の高校がなかった。だから、じゃあ『選抜で』ということになった」と回想している。

明植が東京朝高サッカー部の監督に就任した1年目の1971(昭和46)年に始まり、第2回からは西が丘サッカー場を使用した本格的な一戦となった。

毎年9月に開催されるとあって、朝高にとってはまさに集大成となる試合だった。この一戦で、「8・18世代」が6対0で完勝したことはすでに述べたが、明植監督時代の14回の通算成績は5勝5敗4分となっている。

東京選抜との試合に勝利した東京朝高イレブン。高英禧（前列左から5番目）や後に北朝鮮代表となる金鐘成選手（後列左端）、金伸彦（前列左から２番目）の顔が見える（1981年、西が丘サッカー場）

1981（昭和56）年の対戦で3対1で快勝した高英禧は、この試合のシビアさを証言する。

「朝高サッカー部の部室には歴代チームの集合写真が掲示されているのですが、部室に入って右側が東京選抜に勝った年度のチーム、負けた年度の写真は左側に飾るという不文律がありました。そして、負けた年度は30年経ったいまでも『（選抜に）負けたよね』と言われ続けます」

ここで、「絶対に負けられない戦い」のプレッシャーを与えていたのは、同級生たちだったという。東京選抜に負けると、翌日どころか、何週間たってもサッカー部ではない同級生たちから「今年のチームはダメだ」と容赦ない言葉が投げかけられた。

高英禧ら選手にとっては、3年間で唯一の晴れ舞台ともいえる「準公式戦」だったのだ。そこに賭ける思いが過剰であったとしても、誰が非難できるだろうか。

1986（昭和61）年、明植は16年間勤め上げた東京朝高の監督を退任する。定年を前にしての退官は、決して本意ではなかった。サッカー部の創立40周年を記念して自費出版した「東京朝鮮高校サッカー部と金明植先生の歩み」という記録本が総聯中央の目には好ましく映らず、配置転換を迫られたとも言われる。退任が発表されると、西堂の跡を継ぎ習志野高の監督になっていた本田裕一郎が音頭をとって、送別会を開いた。後に廣山望〈ひろやま・のぞみ〉

神奈川朝高サッカー部で指揮を執る金明植（後列左端・1990年）

（ジェフ千葉）や福田健二〈ふくだ・けんじ〉（愛媛ＦＣ）、玉田圭司〈たまだ・けいじ〉（名古屋グランパス）を育てることになる名将の呼びかけに都内のサッカー強豪高の監督が続々と集まり、明植はしばしの感動に浸った。日本人監督たちは当然ながら退任の経緯は知らない。それでも「組織も大切かもしれませんが、（金）先生はそれよりもサッカーに向いてますよ。これからはサッカー一本でいきましょうよ！」と励ましの言葉を口々に贈ってくれた。

山形サッカー界の
重鎮

塩野孝男

山形でもがんばればできると
信じることが
できるようになった

塩野孝男〈しおの・たかお〉

プロフィール

1944（昭和19）年3月5日生まれ。

日大山形高校からサッカーを初め主将をつとめる。その後、順天堂大学、山形教員団などで選手として活躍。ポジションはフォワード。順天堂大学時代に金明植の指導を受ける。

大学卒業後、1966（昭和41）年に母校日大山形高校のサッカー部監督に就任。以後、2008（平成20）年まで40年以上にわたり監督、部長として同高サッカー部を指導する。

1972（昭和47）年インターハイでベスト16に進出。1975（昭和50）年、全国高校サッカー選手権大会に初出場。ベスト16の成績を残す。翌年も連続出場。

通算でインターハイ出場は13回、全国高校サッカー選手権出場12回を誇る。

2009（平成21）年には設立にも関わったJリーグ・モンテディオ山形のユースアカデミー・グループマネージャーに就任。

山形県サッカー協会の理事長、副会長、山形県高高校体育連盟のサッカー部専門委員長、全国高校体育連盟のサッカー部専門委員、山形県体育協会の理事なども歴任した山形サッカー界の重鎮。

朝鮮高校の生徒もいろんな環境で育った生徒がいたと思うんですけど、金明植先生と長くお付き合いして、自分が今もこだわりを持つようになったのは、育つ生活によって、人間は無意識な影響を強く受ける、そのことを本人が分かれば、直すこともできるし、対応もできるっていうことです。それを客観的に指導者として、教えてあげられたらなあと思っています。

あと生活、文化には、パラドキシカル（逆説的）な面がすごく強いなと思うようにもなりました。サッカーでいえば、ディフェンスをしっかり教えることによって攻撃がスムーズにできるっていうような……攻撃を教えないと攻撃できないんじゃなくて、ディフェンスを教えることによって攻撃ができるという考え。

生活や文化っていうのは、パラドキシカルな面があるというのを、これも、あの寡黙な金先生と付き合いさせていただきながら、勉強させてもらったという感じがします。

でも、先生にこういうこと学ばせてもらいましたって言うと、ふーんなんて言われます（笑）。

――順天堂大で金コーチと出会うまで

私は高校（日大山形高校）の時からサッカーを始めました。

その頃、白黒のテレビを通して見た金先生の姿を強烈に覚えています。たしか天皇杯か大学選手権の決勝で、先生は中央大学のセンターフォワードでした。見た感じは華奢でしたけど、サッカーしてる姿が……髪もオールバックみたいな感じで、なんかすげえかっこよくて、テクニシャンで……際立ってましたね。ボールタッチも柔らかかったなあ、軽やかっていうか……。中大の金か関学の李（昌硯）かって、言われてたとあとで知りました。

その後、私は高校の恩師に勧められて１９６２（昭和37）年４月に、柴崎弘美君と一緒に順天堂大学に進学します。その時、前年に山形南高校から順天大に進んでいた庄司先輩からも「順天大には朝鮮のすごい選手がたくさん入学しているしこれから強くなる。コーチも朝鮮人で日本のトッププレーヤーだ。そのコーチ、選手たちに接するだけで本当に勉強になる。いいところだから来いよ」と言われていました。

それで、順天堂大学に入ったら金先生がコーチで来てたんです。だから、あってびっくりして、まさかこんな人がコーチに来てると思わなかったもんだから。

直に接するようになって、想像よりもっとすごいっていうのが分かりました。サッカーに対する情熱、そして人間としての素晴らしさも……。

あの頃、運動生理学とかも発展してなかったでしょ、何にも。サッカーの本と言ったら竹腰重丸さんの本ぐらいだった。でも金先生は、生物の勉強してるんですよ。我々が高校時代に使ったような生物の本を見て。練習の合間とか合宿の時なんかに。何を読んでるんだろうなと思って、おそるおそる見たら、そうなの。

それは我々が学校で教えられるのと違うわけだよね。先生は先生なりのサッカーの技術とキャリアを持っていて、それを今度、そういう理論的な、生物学的なものと結びつけようしていたんだよね。すごいなあと思って。フィジオロジー（生理学）なんて用語がスポーツ界で言われたのは、ずっとあとだからね。筋肉のこと書いてあるのは、生物の本とかしかなかったですよね。

――その後もずっと「指導」を仰ぐことに

当時、順天大サッカー部の主将だった任英漢さんが、金先生を呼んだんです。

金先生は中央大学を卒業されて、まず神奈川の朝高の教員になって、蹴球団に入ってるんです。順天大のほうにもその合間をぬって、来てくれてたんですよ。

基本から丁寧に教えてもらいましたね。サイドキックはこうしてやるんだよとか、インステップキックはこうしてやるんだよ、止めるのはこうだよって。しかも実践と結びついたかたちで教えてくれるからすごく新鮮だったですね。

私はフォワードだったんですけど、試合で、キーパーと1対1になった時に、パッと見たら、キーパーが右を空けたみたいな感じで守ってて、右に蹴った。もっと強ければ入ったのかもしれないけど、空いているから、ちょと軽く蹴ったら、見事にセーブされたんです。そしたら、金先生が、「上手なキーパーっていうのはよくそういうことやるんだよ。ストレートに蹴ったほうが確率高いよ」ってアドバイスされました。

そういうようなことを教えてもらったのは金先生が初めてだった。やっぱり自分の経験から来るんでしょうね。

私にとって1年生という新鮮なときに来て教えてくれたのは大きかったですね。わずか1年半でしたけど、そこからずーっと指導者になってからも、この先生に学ぶべきだと思っていたのでヤドカリみたいに付いていったんです(笑)。

もう、あの時に、4—2—4もちゃんと踏まえていたんですね。日本でまだWMフォーメーション(3—2—2—3)の時代に。先生から、これ勉強してみろーって、4—2—4フォーメーションを教えてもらいました。

当時の日本サッカーは「つるべの動き」っていうのがセオリーで、左サイドが上がったら、右サイドは下がれと厳しく言われた時代でしたけど、それを頭っから攻撃の枚数を４にして、うまくスペースを利用して距離感を取って、上がるときに、真ん中の２人がフォローする……。そういう今まで経験の無かったことをたくさん教えてもらったんですね。ああーって、驚くことばっかしでした。

――弱小県でも強くなれると信じた

山形に帰省した時に、蹴球団の試合が山形であって、金先生が来るっていうんで見に行ったことがあります。山形のチームが１点取ったんですけど、15点ぐらいぶち込まれました。出場した知り合いに、山形が１点取っちゃったから相手が本気になったんだって笑いましたが、ほんとうにすごかった。

山形のサッカーは遅れていて、全国高校サッカー選手権の予選では、隣の秋田勢に23年間も勝てなかった。県外に試合に行くと10点ぶち込まれるのなんて普通だと思っていたし、下手くそなの当たり前で、あまり苦にならなかったんですよ。

だけど、大学に入って、金先生から教わって、ちゃんと頑張れば私だってやれたし、だから、山形だって頑張ればできんじゃないのっていう自信になりましたね、大学の４年間で。

金先生は、蹴球団の選手をしながら神奈川朝高でも教えてて、その後、選手を引退して、1970（昭和45）年に朝鮮大学に1年だけ行ってるんですよね。そして、1971（昭和46）年に東京朝高に行った。

私は1966（昭和41）年に大学を卒業して母校の日大山形で指導者になります。

その後、金先生が東京朝高の監督をされてた十数年間にずいぶん交流させてもらいました。その前にもいろいろ教えてもらったり、遠征に行ったりしてましたけど。

私たちはほかの「朝高詣で」するような高校と違って、まったく力のないチームがどうしたら強くなるかってことでやっていて、金先生にはすがるような思いだった。

何かあると先生に電話しました。なかなか言葉でサッカーのことを教えてくんないですけど、時折り、「最初の5分は背後、裏を突け」とかアドバイスしてくれるんです。そして、ディフェンスの対応の仕方を見ろと……そんなこと言われても山形の選手はできない（笑）。東京朝高はできても、うちはできないって言いました（笑）。そうしたら、「それはやらなきゃできないんだ、そういうこと繰り返しているうちにだんだん慣れてくるから」って言われましたね。

1975（昭和50）年に初めて予選を突破して全国選手権に出たんですよ。それまで赴任した当初は、やっぱり、（当時の東北予選で）秋田商業や仙台育英には10対0ぐらいで負けてました。

招待の東京朝鮮高・金監督に聞く

ワイドスポーツ

県高校サッカー

どうすれば強くなる

まずシュート力磨け

中盤の組み立てにまずさ

闘争心なくすな

センタリングに重点を

▽東京朝鮮高＝部員六十人。ことし正月の全国高校サッカーで準優勝の韮崎（山梨）をはじめ、守山（滋賀）、北陽（大阪）などを下しており、高校チーム相手に全勝。実力は全国トップクラス。

県外から盛岡商、東北学院、東京朝鮮の三高校を招いての県高校サッカー合同練習会が、このほど山形市で開かれた。県高校チームの実力アップが狙いで、県内からは鶴岡工、日大山形、山形東、鶴岡南の四校と選抜チームが参加した。招待三校は、強豪チームだったが、県チームも善戦した。しかし、東京朝鮮には各チームとも完敗。去年に続き1点も取れなかった。同校を率いる金明植監督に、県チームの印象やどうすれば強くなるか、を聞いた。

金明植監督

去年も山形で試合をしているわけですが、東京朝鮮高の去年とことしのチームの違いは―

去年のチームは、ここぞという時に点の取れる切り札が二人いて、チームを引っ張っていったが、ことしは、飛び抜けてうまい選手もいない代わりに、バランスの良いチームとなった。私が指導してきたこれまでのチームの中でも、力はトップクラスだ。

県内チームとの四試合で、得点10、失点0とケタ違いの力を見せつけたが、まず、対戦してみての感想は―

去年よりは確かに全体のレベルは上がっている、と感じた。特に、動きがスピーディーになっている。逆に、シュートが打てないのと、中盤の組み立てがまずいのが目についた。例えば、鶴岡南は、中盤からの組み立てが遅いために流れが止まってしまう。日大山形もそうだ。

個々のチーム名が出たところで対戦した四校についての印象を聞きたい―

鶴岡南は、各個人のボールコントロールなど、テクニックはまずまずだが、攻撃のスピードがない。山形東もテクニックはいいものを持っている選手がいたが、両側にサポートする人がおらず、攻めがつながらない。鶴岡工も同様で、一人でゲームをしてしまう場面がしばしば見られた。日大山形は、去年に比べ、各選手のボールコントロール、ボデーバランスで見劣りするように感じた。

さまざまな欠点が指摘されたが、どんな練習が必要なのか―。

シュートが打てないというのは、サッカーでは致命的ともいえる。両ウイングが鋭く切り込んでセンタリングする練習を繰り返すことだ。ゴール前にボールが出ないのでは得点に結びつかない。また、中盤の組み立てを良くするには、リンクマンの役割をキッチリ決めることだ。

全国のチームと試合をしていると聞いているが、他県のサッカーと比べ、山形のサッカーレベルはどうか―。

選手がサッカーをよく知っている静岡県のチームなどと比べると、まだ差はあるのは事実だが、年々その差は縮まってきている。去年対戦した盛岡商は、力強さに加え、速さもある東北らしい好チームだった。今回、山形で対戦して（2―0で東京朝鮮の勝ち）やりやすいチームに変わっていた。ファイティングスピリットがなくなってはダメ。うまさと強さは違います。

サッカーは格闘技ということだが、朝鮮高校の各選手の体格は県選手とは明らかに差があった。特に上半身、下半身とも鍛え方が違うようだ。トレーニングは―

ウエート・トレーニングは、生徒の自主訓練にまかせているが、毎日の練習が終わったら十分間ほど、腹筋や背筋トレーニング、腕立て伏せを必ずやる。

最後に、特に印象に残った選手は―

日大山形・中村と、鶴岡南・中野。動きが素晴らしい選手だ。もっと伸びる素質がある。

「どうすれば強くなる」――サッカー弱小県脱却に向けて山形新聞が金明植にインタビュー（1983年4月30日）

それで金先生のところに日参したて、初めて秋田勢を破って、大阪で開催していた最後の高校選手権に出たんですよ。１回戦は三重県の代表に５対０で勝って、２回戦は日本代表になる木村和司選手がいる広島の県工に４対０で負けました。

それで、次の年も東北予選を突破するんですよ。最初の年は山形、まぐれだーって言われたんだけど、２年連続して勝ったからよかった（笑）。その後、またずっと勝てなくなっちゃうんだけども。

――そして、朝高との交流が深まる

高校選手権に行った時とかに集めた寄付金を元手に、「べにばな杯」っていうのを作ったんです。強いチームを知らないとだめだけれど、遠征に行って強くなるのは自分のチームですよね。でも強いチームに来てもらって、山形のチームがたくさん試合をやれば、山形全体の強化になるわけだからそれを実行しようと。高校の恩師からも、浄財をいただいたんだからそれを自分たちだけで使っちゃだめだよ、還元するようなことも考えなないといけないよって言われてましたしね。べにばなって山形の県の花です。

まっさきに金先生の東京朝高に声をかけました。県外１チームじゃあれだからって、あの頃、栃木で宇都宮学園が強かったので、宇都宮学園も来てもらって、山形で大会を開きました。

金先生が東京朝高校を辞めて神奈川に行ってた時期があったから、神奈川朝高にもべにばな杯に1回来てもらったことあります。

そしたら、同級生の総聯のバリバリのやつが、お前、なんで東京朝高を呼んでくれないんだって来ました。だけど、俺は金先生とのつながりだから、金先生が神奈川にいれば、神奈川を呼ばなきゃならないんだろって言ったら、うーーんて、ちょっと納得してない感じで、なんにも言わなかった。そんなこともありましたね。

東京朝高を招聘して、一緒に合宿をしていたこともあります。学校で泊りながら。合宿で、勉強するのもいいなと思って。

そうすると朝鮮高校の生徒は、走るコースを自分たちで見つけて走るんです。適度な距離のコースで、今日は何周、明日は何周って決めて走る。それで日大山形では、今もそのコースは〝朝高コース〟っていう名前が残ってますよ。

でも、ちょっとね、地元の暴走族と問題起こしちゃって、それ以来、ストップかかったみたいですね、向こうから。悪いのいっから山形にも(笑)。銭湯でトラブルがあって、それを追っかけて朝高生が泊まってる学校まで暴走族が鉄パイプとも持ってやって来たんですね。そうしたら日本人の父兄が「東京から来てくれた人に何をするんだ」って立ちはだかって守ってくれたそうなんです。その時、私は新潟でサッカーフェスティバルがあって、1軍連れて行ってたんです。残ってた1人の部長の先生と保護者がいろいろやってくれました。

でも、公安が帰りの電車に一緒に乗っていって、事情聴取をしたっていうんです。ただのケンカだったので、生徒が可哀想でした。

東京朝高には何度も山形に来てもらいましたけど、それ以上に十条の東京朝高に何度も遠征しました。

東京朝高に初めて行ったころは、人数も少なかったから、同級生が俺のうち泊まれって、パン焼いてくれたりなんかして……そいつの家に泊まったり、そのあとは、お金を集めて、宿を紹介してもらったりしました。

泊まらないで、夜行で行って、夜行で帰ってくるのもやったんですけど、疲れるし、もったいないから、1泊泊まって、もう1回、次の日、帰る前に試合をしたりしましたね。

――選手たちはどう感じていた?

生徒の朝高に対する戸惑い？　最初は、たぶんあった。でも、あんまり田舎から来てるから、逆にすんなり適応していった感じがあったかもしんないですね、相手もちゃんと迎えてくれるし、ご飯も食わしてもらって……学校の食堂で、ああキムチ辛いなーって（笑）。ものすごくよくしてもらったもんだから。だから、せめて、一緒にグラウンド整備ぐらいして帰ろうと、うちの生徒に整備させようとしても、いや、しなくていいって向こうはね、ぜんぶ自分たちでやるんだって。

試合ですか？　相手にならないですよ（笑）。だけど東京朝高の選手も、私と金先生と私の関係を分かるんでしょうね、だから優しくしてくるというか、手を抜くとかじゃないんだけども、ちょっと……我々は特別扱いしてもらった感じです、選手からも。

でも、やっぱり強かったね。球際なんか、ほんとに踏ん張らないと、ボールがすぐなくなっちゃう。朝高の子ってね、体幹がしっかりしてるっていうか、やっぱり鍛えてるんだなあと思いました。

それで、チャンスの時にはポジションに構わず、ぐーんと上がってきますからね、だけどすぐに元に戻す、うちらは上がったら上がりっぱなしだったけど、朝高は戻ってくる（笑）。そのへんが組織的に鍛えられてましたね。

朝高はサイドチェンジなんかするけど、縦にも速いって感じがありました。スムーズにポーンとサイドを変えて、それをまた戻されて、サイドに振られた時は特に要注意でしたね。パターンがいろいろあって、いつも狙っているんです。そのへんの攻守とサイドの切り替えも速かったですね。

個人技術で言えば、ワンスッテップで長いパスを蹴れるっていうのもびっくりしました。インサイドキックが基本なんだけど、アウトも蹴れるし、やっぱりキックがすごかった。ワンステップですごく飛ばせる……だから、うちは読めない、なかなか。アウトも使われると、いいようにやられて……。

金先生には、何回も来て慣れればいいんだって言われました。読みも、こう来ると分かるようになるからって言われました。たしかにやってるうちに不思議に慣れましたけどね。

朝高のサッカーは、シンプルというか……合理的でしたね。こねないし。韓国とも似てますね、やっぱり朝鮮、韓国っていうのはスムーズに展開する。一方で、日本は一時期、ボールを大事に持ってこねるのが上手いんだっていう風潮でしたから。

――秘伝の練習パターン

金先生からは何を教えるかも大事だけども、どのように教えるかっていうほうが大事だよってことも学びました。

さっきの1対1のシュートの話もそうもだけど、オーソドックスに空いてるサイドを狙うほうが確率的には高いかもしれないけど、人間がやってりゃ罠にはめたりもするんだから、けっしてワンパターンじゃないよって。そこは自分の感覚、感性を磨いて、マニュアル通りでなくて考えないといけないんだとね。

朝高で自分たちがやってる練習パターンの一覧を、そーっと、あんまり人に見せないでなと言われて（笑）、私、金先生からもらったんですよ。

ウォーミングアップ的なものから、試合で実際に使えるパターンまで、かなりあるんです。だけど一緒に言われたのが、大事なことは、パターンをそのままやったって、使えないよと。判断力、やっぱり選手に考えさせないといけない。それで先生からもらった一覧を練習の基本にしました。

日替わりでいろんなパターンの練習をやらせて、ワントップの場合も、ツートップの場合もそれぞれにWMフォーメーションやウイングの張り出した状態もあっていろんな要素がいっぱいあったんです。最初の段階は、2人1列に並んでロングボール、後ろのやつが前に蹴って、蹴る方と受ける方が同時に蹴っていく、そっから3人、今度は4人に増やして、自然とグラウ

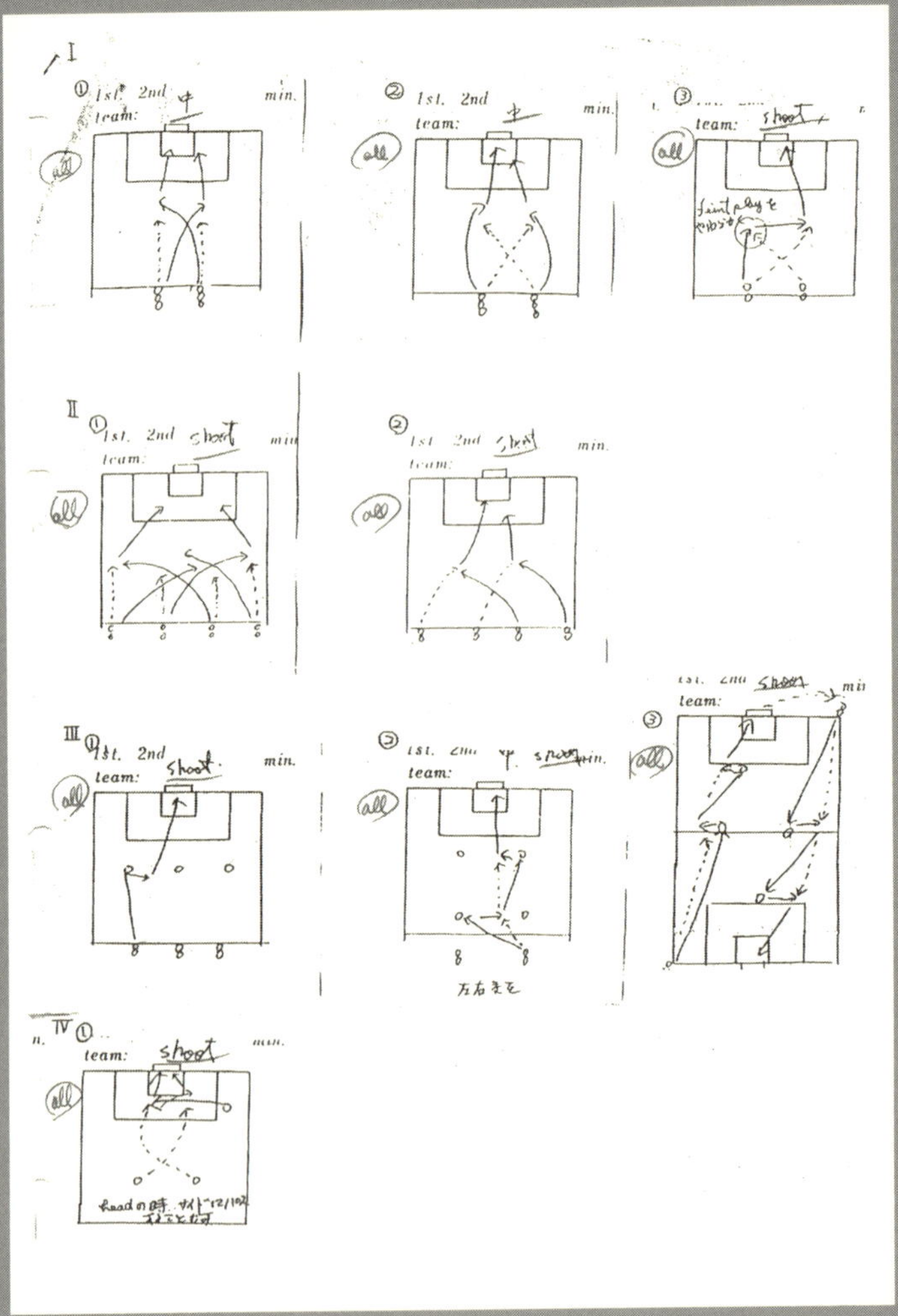

金明植のパターン練習図を塩野が複製したもの。当時の高校生には画期的だった

ンド全体が見られるようにして、今度は人のいるところではくスペースを狙う……。そういうウォーミングアップをして、1対1とか、シュートとかもまたパターン形式で入っていく。

崩し方も前が詰まってるなら、サイドチェンジして、そしてまた前を向いて、前にできたスペースのところに出すと、必ず、カバーなんか入るから、上がり目のところに楔を入れてダイレクトで、グランダーでも送れる時は送るとか。そういう順序立てを金先生の書かれたパターン練習で学べました。

全国レベルではスピードなどの面でなかなか難しかったけど、県内や東北ではパターン練習の成果が出て、とても通用しました。

秋田勢を破り、初めて全国選手権に行った時のキャプテンは、地元に戻ってくると、山形の他の高校に自分たちの練習方法を教えに行ったりしてましたね（笑）。

個人のプレー、判断とかを重要視する指導者もいますけど、金先生のやり方は、1つのかたちから、勝ちながら上手くしていく……前に前にボールを運ぶってことを大事にしながら、まあ下手くそな時はクリアもしょうがないけども、そうやって、上手くしていく。ボールを大事にって考えてやると、山形のチームはだんだん後ろに下がっちゃう（笑）。

勝ちながら上手くしていくやり方の方が合理的な感じはしますね。

――一緒にいることで自信がついた

さっき言ったようにあんまり言葉で教えてくれないんですけど、一緒に合宿したりすると、朝高のプレーを見る機会が多いから、そういう中で体幹トレーニングも真似しましたね。朝高の場合は並んで、1、2、3ってランニングも足音が完全に揃う。静岡に行ってそれやった時に他のチームはびっくりしてました（笑）。静岡は自由にやるでしょ。なのに、並んでやってるよって（笑）。

まず歩くことから始まって、そのあと、体操もぴしっぴしっぴしって、一糸乱れずにね（笑）。あと、抑えて蹴るキックっていうのかな、いろんな蹴り方を学びました。

日本だとキックなんかも野球のバッティングと同じみたいに自分のセンスでっていう感じでしたけど、そうじゃなくて正しい蹴り方を教わりました。サイドキックでのロングキック、逆にインステップで短いキックとか……。そしてまた離れてライナーでのキックをさせるとか、先生は、いろんなバリエーションのキックの練習をさせてましたね。やっぱりキックやシュートっていうのは反復練習しないといけないですね。

そしてその技術を試合のどの局面で使うのか。ボールがこう行った時にはインフロント、ギリギリ詰まってた来た時にはアウトで蹴るとか、直接には言ってくれないんで、練習を見ながら、こういうこと？　なんて聞きながらいっぱい学んでいきました。

そうそう、さっきのパターンの練習方法なんかだと、ワンボランチのところとかには必ずいい選手、真ん中には上手い選手を置いてましたね。オシムさんの言うフリーマンですかね。上手くないと練習にならない。それはセンスとか雰囲気で練習しているあいだに見極めるんだって言っていましたね。

うちの選手はへったくそでよ。あんまり下手くそで申し訳なかったけど、でも一緒に練習をやると、生徒は不思議と自信が付きました（笑）。

私は、外国に何度もアルゼンチンに行ったり、ウルグアイに行ったり、練習方法とか指導のやり方とか見てきたんですけど、金先生のやり方のほうがずっと、やっぱり山形に合っているなっていう感じはしましたね。

（談）

第5章 ヤクザになるしかなかった

日本サッカーと在日社会の変化

東京朝高の監督を辞し、予定よりも早い定年を余儀なくされた金明植〈きむ・みょんしく〉は、Jリーグのコンサドーレ札幌、モンテディオ山形のスカウトを歴任した。東芝時代から交流のあった高橋武夫〈たかはし・たけお〉監督、日大山形の塩野孝男〈しおの・たかお〉といった長年にわたって厚い信頼のある人脈からのオファーであった。

直接、チームを指導することはなくなったが、選手を見る眼は相変わらず鋭かった。この2チームはやがてＪ１へと駆け上がっていく

明植が退任してからちょうど10年後の１９９６（平成８）年、ようやく朝鮮学校が42年ぶりに高校選手権への参加が認められた。当時の３年生の安英学〈あん・よんは〉たちは息巻いた。公式戦に出場できなければ、何十連勝しようとも、客観的な評価は下されなかった。先輩たちから、自分らが圧勝した相手が大会で上位に進むのをテレビで観ては悔しがったと、さんざん伝えられてきた高校選手権。それに、ついに出場できるのだ。

OBたちからは必勝を言いわたされ、ハッパをかけられた。しかし結果は、東京都を勝ち抜くことになる修徳に0対1で敗戦を喫してしまう。高校選手権復帰最初の大会は都ベスト8の成績となった。

明植が1年生で初出場して以来、42年の間に時代は大きく変わっていた。在日の社会も。日本のサッカー環境も。

朝鮮学校では生徒数の減少が続いていた。かつて、ほとんどの男子生徒がサッカー部に所属し、3軍まであったころとは絶対数が異なる。反面、日本サッカー界にはJリーグがすでに産声を上げており、競技人口も増加し、それをとりまく環境も比較にならないほどに潤沢に整備されていた。

かつての在日サッカーは、日本社会から受ける差別に対するアンチテーゼの意味を色濃く持っていた。「チュックダン」の名で恐れられた在日朝鮮蹴球団には、在日同胞に対して誇りを与えるという、大きな使命があった。

時代は変化し、在日Jリーガーたちからは、〝在日同胞のために〟という言葉とともに、〝応援してくれるチームの（日本の）サポーターのために戦う〟というコメントが、自然に出てくるようになっていた。

在日朝鮮蹴球団が結成されたのが、1961（昭和36）年。日本の実業団相手に一時は勝率9割7分を誇ったこのチームも今は解散し、現在はその流れをくむFCコリアが活躍している。関東リーグを舞台に戦うFCコリアの監督は日本人の吉岡大介〈よしおか・だいすけ〉であり、日本人選手も所属している。明植の時代に比べて、在日のサッカー選手の活躍する場所はプロをはじめ日本社会の中にも（あくまでも当時との比較であるが）多々存在している。それに呼応して門戸を広げるという意味で言えば、「在日コリアンのためのチーム」という存在理由を理解した上であれば、日本人選手の所属は筆者は悪いことではないと思う。時代の推移があり、それに伴う在日蹴球界の変化も、むしろ自然なものとして存在する。それでも在日サッカーにとうとうと流れる血脈は健在である。

ルーツのルーツにあった金明植

2017（平成29）年、明植は79歳を迎えた。現在もオーバー75のカテゴリーで現役を続けている。高齢とはいえ、あなどるなかれ。この年齢までフルコートでプレーをしている選

FIFA 日韓ワールドカップの会場にもなったスタジアムで開催された日韓親善シニアサッカー大会に日本チームとして参加。前列左から 4 番目が金明植（2008 年、済州島にて）

手は元関東大学1部リーグでならした猛者《もさ》ばかりである。その中で中大の金は何と同カテゴリーの日本代表に選出されて韓国・済州島や中国で朝鮮族が暮らす延吉地区で日の丸を背負って試合を戦った。時代を感じざるをえない。

明植が東京朝高を指導した時代を回顧するとき、不可欠なのは言うまでもなく当時の学生の置かれた環境である。

東京朝高は、「あの一年」の1954(昭和29)年、明植らの活躍で全国高校サッカー選手権3位の結果を残した翌年から公式戦に出場できなくなった。

また、サッカー部員だけでなく生徒たちも荒れていた。日本の高校生との乱闘も日常茶飯事だった。特に「お隣」の帝京とは「やられたら、やりかえせ」状態が日常化していていた。

1979年入学の高英禧は、懐かしそうに目を細めながらこう語る。

「ぼくなんか生まれも歌舞伎町で、通ったのが朝高ですから、医者にも弁護士にもなれっこない。そうすると、もうヤクザしかないですよ。ぼくがヤクザにならなかったのは、ただの偶然。明植先生と出会ったから。それしかないですから」

貧困家庭も少なくなく、封建的な家長による妻や子への暴力もあった。サッカーをがんばってどれだけスーパーな選手になっても日本の大会には出場できず、日本社会からは不可視におかれている。ドロップアウトするのに必要な理由は山ほどあった。

「ヤクザになるしかない」と思っていた高英禧は、入学と同時に明植に勧誘されたことをいまでも鮮明に覚えている。そして、「常にサッカー部員は朝高生の模範となれ」と言われたという。

「札付きだった私を心配されたのか、合宿などではいつも先生と同部屋でした。当時は息苦しいと思いましたが、先生のサッカー理論や指導法を目の当たりにできたことが、子供の指導や協会での活動につながったと感謝しています」

今では杉並区で韓国料理屋を営み、区内の東京朝鮮第九初級学校のサッカークラブを指導する立場にあるが、こういった証言は枚挙にいとまがない。

のちに日本代表フォワードとして活躍する李忠成〈り・ただなり〉の父、李鉄泰〈り・ちょるて〉もその一人である。

十条駅から徒歩で5分のところに明植の息子、金成洙〈きむ・そんす〉が料理の腕をふるう鶏料理の美味な居酒屋「蹴作《しゅうさく》」がある。そこで鉄泰はこう語ったことがある。

東京朝高と東京選抜の試合結果を報じる「イレブン」(1981年)。中段写真の背番号5が高英禧

「私は3度、明植先生に救われたんですよ。最初は高校に入ってすぐです。サッカー部に入ったんだけど、先輩のヤキ入れが酷くて辞めてしまったんです。それでブラブラしていたんだけど、体育の授業でサッカーをやるとそれなりにプレーができて、見ていた先生が『お前、何で辞めたんだ、戻って来い』と言って再入部させてくれたんです。次が卒業時、進路に迷っていたときに『東海大学へ行け』とサッカー推薦でその道筋をつけてくれたんです」

まだ民族学校出身者が日本の大学に進学することが困難な時代であった。明植のサッカーを介した人脈が教え子の未来を広げた。

「3度目は大学を出た際、横浜トライスターへの入団を決めてくれたのも先生でした」

トライスターは後のJリーグ横浜フリューゲルス（現横浜Fマリノス）となる全日空のサッカークラブである。

鉄泰は「忠成を育てられたのも自分の近くにサッカーがあったおかげ」と言う。ふと思う。ならばもしもあの体育の時間に明植が再入部を促さなかったとしたら、まったく違った人生になっていたかもしれない。２０１１（平成23）年アジアカップの決勝でゴールを決め、今では浦和レッズのために献身的に走り回る忠成のルーツが鉄泰なら、その元に明植がいた。

明植の半生は「在日同胞のため」でもあったが、それが日本のサッカーのためにも機能していたことは紛れも無い事実である。すべてのものごとはつながっている。

「まあ、そんなことを考えてやっていたわけではないんだがね……」

こんな話をすると言葉少なく、小さく笑う。今でも明植の手帳は自身の出場する試合のスケジュールで真っ黒である。オーバー80での出場ももちろん視野に入れている。朝鮮人として日本に生まれ、このスポーツに出会い、そして死ぬまでプレーし続けていく。

国立競技場でプレーする金明植（2009年）

エピローグ

ぼくらはもう一緒に生きている

「ニッポン・オンリー」という言説

本書は文中にも登場する明植の教え子、高英禧〈こう・よんひ〉の強い要望によって書籍化された。「先生と遭ってなければヤクザになるしかなかった」という高のオファーは熱かったが、金明植〈きむ・みょんしく〉の評伝としてはすでに拙著「蹴る群れ」（集英社文庫）の中に収録された短編があり、在日朝鮮蹴球団については河崎三行氏の「チュックダン！」（双葉社）がある。既読の読者のことを考えて一度は固辞し、他の視点から描かれた作品の意義も考えて若いながら日韓・日朝関係に造詣の深い書き手のN君を紹介した。しかし、取材対象者とは初見でコミュニケーションが取れていないゆえか、上がって来た原稿の熱量がどうにも乏しいことと、あるきっかけで、結局自分で筆を執ることにした。

きっかけとは2017（平成29）年2月11日、建国記念の日に中日・東京新聞に掲載された社会学者の上野千鶴子〈うえの・ちづこ〉氏のコラムである。

本意を損なわないように抜粋すると、上野氏は日本の将来については二つの選択があり、それは「移民を受け入れて活力ある社会をつくる一方、社会的不公正と抑圧と治安悪化に苦しむ国にするのか、難民を含めて外国人に門戸を閉ざし、このままゆっくり衰退していくのか」そして「移民政策について言うと、私は客観的に無理、主観的にやめた方がいいと思っています。トランプ米大統領は『アメリカ・ファースト』と言いましたが、日本は『ニッポン・オンリー』の国。単一民族神話が信じられてきた。日本人は多文化共生に耐えられないでしょう」と主張する。

本当にこれが、フェミニストとして高名を馳せた学者の文章なのかと目を疑った。二択という前提の立て方が、まず何の裏付けも無い。移民を入れることで治安が悪化して苦しむという短絡な結論づけはいったいどんな根拠によって導きだされたのであろうか。ましてや社会的不公正や抑圧は移民ではなく日本社会の側の問題である。「移民政策は客観的に無理」と主張するが、その客観性を示すデータはどこにもない。マジョリティである日本人の上野氏がハナからこの問題の解決を放棄して決めつけたあげく、多文化共生に耐えられないから移民政策はやめた方が良いと説く。社会学者でありながら、フィールドワークをしたことがないのであろうか。

リヴィン・トゥギャザー

すぐに金明植の東京朝高と帝京高校をはじめとする日本のサッカー強豪校の関係が頭に浮かんだ。今以上に差別の厳しい時代、在日韓国・朝鮮人の高校生たちがこの国で夢が持てずにそれこそ「ヤクザになるしかない」と考え、暴力的にならざるを得なかった頃でさえ、累々と交流を続けて来た歴史がある。

本書にも記した通り、在日朝鮮人の一時帰国や、再入国許可の風穴を開けたのもこの高校サッカーを通じたつながりである。習志野高が北朝鮮に行き、そのあとに東京朝高が続いた。

金希鏡〈きむ・ひぎょん〉の章を読まれるが良い。かつて釜本邦茂と双璧と称された希鏡は今で言えば、政情不安な済州島から逃れて来た未成年難民である。いったいどれだけの難民がすでに日本に来ているのか、そのことが東京朝高サッカー部の取材で可視化できた。

自身も在日三世であることをカミングアウトした格闘家の前田日明〈まえだ・あきら〉はこんな発言をしている。

「俺たちみたいに古い家系の人たちってのは、日本に来たのが日韓併合の前後だよ。その次にいつ来たのかっていうと。朝鮮戦争のまっただ中に『ヤバイ』っていうんで、難民のように密入国してきたんだよ。どっちにしてもそんな記録なんか残ってないんだよ。住民票だなんだって、戦争で燃えちゃってないんだから。密航してきた人なんか特にない。だから、簡単に帰化なんてできないんだよ。でまあ、それを日本は受け入れて協定永住権を与えた。俺がハッキリ言いたいのは『密航してきた当時、それは政治難民じゃないか』ってこと」(東邦出版刊かみのげVｏｌ21)

希鏡の華麗なプレーを憧れのまなざしで見ていた帝京の高橋はほぼ半世紀経った今もそのディテールを正確に記憶している。これのどこが、「ニッポン・オンリー」なのか。ＬＧＢＴのパレードなどでよく見かける「We are already living together ぼくらはもう一緒に生きている」というスローガンそのままである。

すでにあった「時間」と「空間」

残酷なのは、かような素晴らしい選手でありながら、公式戦でその活躍の場所を提供できなかった当時の日本サッカー界、言い換えれば日本の社会である。

差別が愚かなのは人間の可能性を封じ込んでしまうことである。青学高の鈴木主将が発言したように強いチームがあればそれを倒そうという努力が始まって、さらにレベルは上がったはずである。

金明植は複雑な背景を持った教え子たちをまとめ上げ、至強のチームを作り、日本のチームを叩きのめした。それは当時、なかなか交わることのなかった在日コリアンと日本人が共に切磋琢磨した紛れも無い時間であり、空間であった。

最後に、女性の証言も入れておきたい。1980年代に東京朝高に通った社会学者で日本映画大学の准教授である韓東賢〈はん・とんひょん〉は、こう話す。

「あの頃は、朝鮮学校にとってある意味平和だった凪《なぎ》の時代で、朝高の女子が帝京の練習を見に行ったりもしていました。だって、朝高の男子は見た目も考え方も古臭くてダサいと思っていたから。あっちの方がカッコ良かった(笑)。別のサッカー名門校の選手にも、チョゴリ制服姿の写真を同封してファンレターを出したりしたんですよ。目立つかなと思って」

後に、東京朝高の女子に人気があったことを自慢げに話していた帝京高出身のJリーガーもいたという。拉致を北朝鮮政府が認めてから、チョゴリを着ていること自体、危険に晒されるようになってしまったが、それでもナショナリズムを凌駕する平和な凪の時代が確かにあったのだ。

高校サッカー界の名将と呼ばれる人々が異口同音に「明植さんには世話になった」「多くのものを教わった」と語り、快く取材に応じてくれた。北朝鮮、ソ連、東欧というルートから欧州のモダンなフットボールの戦術を取り入れて紹介したのはもちろんであるが、それ以上に血の通った人間的な指導もまた大きな影響を与えたとも言えよう。

そのこともまたしたためたく、加筆修正のうえ書き下ろした。「蹴る群れ」との重複の部分はご寛容いただきたい。

元日本代表ＧＫにして朝鮮問題における先輩ジャーナリスト、故村岡博人〈むらおか ひろと〉さんにも謝辞を。心よりご冥福をお祈りします。

編集においてはころからの代表、木瀬貴吉さん、デザインについては安藤順さんに大変にお世話になった。感謝申し上げる。

２０１７年７月
木村元彦

参考文献

『チュックダン！　在日朝鮮蹴球団の物語』
（河崎三行／2002年／双葉社）

『都立朝鮮人学校の日本人教師』
（梶井陟／2014年／岩波現代文庫）

『曹良奎画集』
（曹良奎画集編集委員会／1960年／美術出版社）

『東京のコリアン・タウン　枝川物語』
（江東・在日朝鮮人の歴史を記録する会編／1994年／樹花舎）

『わが朝鮮総連の罪と罰』
（韓光熙／2005年／文春文庫）

『日本語訳国連北朝鮮人権報告書』
（宋允復監訳／2016年／ころから）

『九月、東京の路上で　1923年関東大震災ジェノサイドの残響』
（加藤直樹／2014年／ころから）

※以下は一般に流通していない書籍・冊子だが参考資料として記す

『中央大学サッカー部80年史』
（中央大学学友会サッカー部OB／2008年）

『順天百六十年史』（渡辺孝蔵編／1994年）

『在日コリアンの生活実態』（日朝親善協会／1951年）

『1962在日朝鮮蹴球団遠征記録』（在日朝鮮蹴球団／1962年）

『東京朝鮮中高級学校創立40周年記念　東京朝鮮高校サッカー部と金明植先生の歩み』（1986年）

『茗溪サッカー百年』（1996年）

索引

木村元彦　きむら・ゆきひこ
1962年愛知県生まれ。中央大学卒。ノンフィクションライター。東欧やアジアの民族問題を中心に取材、執筆活動を続ける。おもな著書に『オシムの言葉』（集英社文庫）、『蹴る群れ』（集英社文庫）、『徳は孤ならず』（集英社）、共著に『さらば、ヘイト本！』（ころから）など。

無冠、されど至強
東京朝鮮高校サッカー部と金明植の時代

2017年8月15日初版発行
定価2300円＋税

著者　木村元彦
編集協力　高英禧
パブリッシャー　木瀬貴吉
装丁　安藤順

発行　ころから

〒115-0045
東京都北区赤羽1-19-7-603
TEL 03-5939-7950
FAX 03-5939-7951
MAIL office@korocolor.com
HP http://korocolor.com

ISBN 978-4-907239-25-1
C0036